Wir können auch anders!

Herausgegeben von
**Marcus Leitschuh und
Katharina Kluitmann**

Wir können auch anders!

Der Beitrag der Orden zum Synodalen Weg und für die Zukunft der Kirche

Herausgegeben von
Marcus Leitschuh
Katharina Kluitmann

Vier-Türme-Verlag

Bibliografische Information der Deutschen Nationalbibliothek

Die Deutsche Nationalbibliothek verzeichnet diese Publikation in der Deutschen Nationalbibliografie. Detaillierte bibliografische Daten sind im Internet über http://dnb.d-nb.de abrufbar.

Ohne Folie
Für unsere Umwelt

in Deutschland
produziert

MIX
Papier | Fördert
gute Waldnutzung
FSC® C014889

FSC
www.fsc.org

1. Auflage 2022
© Vier-Türme GmbH, Verlag, Münsterschwarzach 2022
Alle Rechte vorbehalten

Lektorat: Marlene Fritsch
Gesamtgestaltung: Matthias E. Gahr
Druck und Bindung: Pustet, Regensburg
ISBN 978-3-7365-0454-7

www.vier-tuerme-verlag.de

Inhalt

Machtvoll Weggemeinschaft sein –
Der Beitrag der Orden zum synodalen Weg 45

Wandlungshelfer –
Der Beitrag der Orden für die Zukunft der Kirche 109

Vorwort

»Wir können auch anders«, titelt dieses Buch. Wer ist denn »wir«? Vielleicht »wir Ordensleute«? So kann man diesen Titel lesen, so kann man dieses Buch lesen, das (mit Ausnahme des männlichen Herausgebers) von Ordensleuten geschrieben worden ist. Klar: Ordensleute sind nicht die bessere Kirche. Ordensleute sind aber in vielen Facetten anders Kirche, leben ihr Kirchesein anders: kleiner und darum beweglicher, vielfältiger und doch verbunden, oft näher dran an den Fragen der Menschen und darum manchmal ein wenig revolutionär, vielleicht gar subversiv – so subversiv wie das Evangelium, auf das sie sich alle berufen.

Dass Orden katholisch sind, dass sie ein Teil der Kirche sind, steht dennoch außer Frage – obwohl sie anders sind. Und genau das lässt zu, dass der Titel auch auf eine zweite Weise verstanden werden kann: »Wir können auch anders«, wir Katholik:innen. Wir können in der gleichen Zeit anders, unterschiedlich leben, glauben, Liturgie feiern, Leitung organisieren, in Vielfalt und gegenseitiger Wertschätzung, wir, die Orden und die Verbände, die hierarchisch verfasste bischöfliche Kirche, die vielen verschiedenen Lebensformen und Charismen. Eine Anekdote: Im 16. Jahrhundert wohnten Ignatius von Loyola, der Gründer des Jesuitenordens, und Philipp Neri, der fröhliche Heilige, der später das Oratorium gründete, nur wenige Häuser voneinander entfernt in Rom. Erzählt wird, das Philipp überlegte, bei den Jesuiten einzutreten, was Ignatius ihm verwehrte, damit er seine Gabe ganz anders umsetzen konnte. Wie weise!

Wir Katholik:innen können nicht nur in der gleichen Zeit anders, unterschiedlich leben. Auch im Lauf der Zeit verändert sich vieles. So war das immer, noch lange bevor es überhaupt die Idee zu einer katholischen Kirche im Sinn einer Konfession gab, immerhin mehr als die Hälfte der Kirchengeschichte lang, bis sich im 11. Jahrhundert die Ost- und die Westkirche trennten. Das katholische »allumfassend« ist viel weiter als manch eine ängstliche Enge uns glauben machen möchte. Kirche war nie einheitlich, Kirche war immer veränderlich, Kirche lebte gerade aus der Vielfalt und der Veränderung. Wer nur auf die vielen Orden schaut, sieht, dass das, was aktuell im Kloster als »normal« galt, morgen bereits einer neuen Form gegenüberstand. Manchmal wurde die alte Form von der neuen abgelöst, manchmal blieben Formen nebeneinanderstehen. Jedem das Seine, jeder das Ihre, für verschiedene Nöte und Bedürfnisse der Gläubigen verschiedene Gemeinschaften, Apostolate, spirituelle Schwerpunktsetzungen. Welch ein Reichtum!

Doch dieses Buch ist kein Buch über Orden. Es ist ein Buch von Ordensleuten, das sich als Beitrag zur aktuellen Reformdebatte in der katholischen Kirche versteht. Diese Reformdebatte ist nicht neu, aber sie hat neue Dringlichkeit bekommen durch das Offenbarwerden von tausendfachem sexuellem Missbrauch im Raum der Kirche, der vertuscht und nicht ernst genommen wurde, bei dem der Schutz der Kirche über dem der Betroffenen stand – und leider zu oft immer noch steht. Systemische Ursachen sind in den Blick gekommen. Eine Welle von Kirchenaustritten, Initiativen wie Maria 2.0 und #OutInChurch rütteln die Kirche durch. Es ist Bewegung in der Kirche, hoffnungsvoll für die einen, beängstigend für die anderen, zu viel für die einen, zu wenig für die anderen.

Ordensleute sind in vielen Feldern engagiert, auch auf dem Synodalen Weg der katholischen Kirche in Deutschland. Zehn von ihnen wurden von der DOK, der Deutschen Ordensobernkonferenz, in die Vollversammlung entsandt, weitere sind aufgrund anderer Delegationen dabei, wieder andere arbeiten mit in den Foren. Die Erfahrung seit der Eröffnung am 1. Advent 2019 zeigt: Ordensleute treten mutig und kreativ auf, bringen ihre Ordenserfahrungen ein. Schon 2015 hatte die Deutsche Bischofskonferenz in ihrem Wort »Gemeinsam Kirche sein« geschrieben: »Von den Orden kann man lernen, wie man gemeinsam den Willen Gottes suchen und finden kann; wie möglichst alle an Entscheidungen, die alle betreffen, beteiligt werden« (Gemeinsam Kirche sein, 5c).

So vielfältig wie die Orden und ihre Vertreterinnen und Vertreter, so vielfältig sind die Texte dieses Buches, in Textgattung und fachlichem Hintergrund, in durchscheinender Lebensform und in Nuancen. Sie, liebe Leser:innen, finden Theologisches und Spirituelles, Informatives und Beschreibendes, Fragen, Antworten, Provokationen, Deutungen, Dialoge und Spontanes. Wenn unser Buch das Gespräch untereinander anfacht und bereichert, hat es seinen kleinen, aber vielleicht entscheidenden Beitrag geleistet.

Sr. Dr. Katharina Kluitmann
Marcus Leitschuh

Worum es geht – Kernthemen des Synodalen Weges und der Kirche heute

Wir können auch anders.
Wie Benedikt von Nursia,
der 529 das erste Benediktinerkloster gründete
und mit seiner Regel »ora et labora« beten und
arbeiten verband.
Wie stark steht der Glaube heute im Leben?

Wir können auch anders.
Wie Robert, Alberich und Stefan.
Es waren gleich drei Äbte, die an der Wende des
11. zum 12. Jahrhundert nacheinander das monastische
Projekt »novum monasterium« – »Neukloster« starteten.
Sie übersetzten die damals schon 600 Jahre alte Benedikts-
regel in ihre Zeit und so entstand der neue Orden der
Zisterzienser.
Glauben geht nur in Gemeinschaft,
im Hören auf die Erfahrungen der Vergangenheit und
im Annehmen der Herausforderungen der Gegenwart.
Wo und wie gelingt es heute, im Rückgriff auf die Vergangenheit
gemeinschaftlich eine neue kirchliche Zukunft zu gestalten?

Wir können auch anders.
Wie Franz von Assisi,
der 1209 Menschen zur Nachfolge Jesu und später zur
Gründung des Franziskanerordens motivierte.
Franziskus sah den Menschen als Teil der Schöpfung
mit Schwester Wasser, Bruder Wind und Schwester
Mutter Erde.
Wie wichtig ist uns heute die Bewahrung der Schöpfung?

Wir können auch anders.
Wie Klara von Assisi,
die 1212 in Assisi die Klarissen gründete,
die in Stille lebten und gleichzeitig
mit Mut für ihren Glauben einstanden.
Wo finden wir heute Orte der Kontemplation?

Wir können auch anders.
Wie Dominikus,
der 1215 den Dominikanerorden gründete
und der Predigt als Ort der Verkündigung
zur Blüte verhalf.
*Wie wichtig ist uns heute, allen Berufungen zur Verkündigung
Raum zu geben?*

Die Angst in der Kirche bröckelt – endlich!

Sr. Philippa Rath OSB

Sr. Philippa Rath sagt über sich: »Ich bin Teil eines selbstbewussten Konvents mit großer Tradition. Die heilige Hildegard von Bingen, eine der bedeutendsten Frauengestalten der deutschen Geschichte, hat unser Kloster vor 850 Jahren gegründet. Unsere Abteien regeln ihre Angelegenheiten selbstständig und unabhängig. Das ist eine Position, die innerlich sehr frei macht. So kann ich vielleicht offener reden als manch andere. Ich bin nur Gott, meinem Gewissen und meiner Äbtissin gegenüber verantwortlich.« In dieser Weise meldet sie sich zu Wort. Sie beantwortet hier die FAQ (Frequently Asked Questions), die am häufigsten gestellten Fragen zur Zukunft der Kirche.

Sie haben in der ersten Vollversammlung des Synodalen Weges öffentlich erklärt, dass viele Menschen in der Kirche in Angst leben. Woran machen Sie das fest?

Ich begleite seit vielen Jahren Männer und Frauen in Krisen und Konfliktsituationen, darunter zahlreiche Menschen, die in kirchlichen Diensten arbeiten. Da ist mir im Lauf der Jahre bewusst geworden, wie viel Angst in unserer Kirche herrscht, existenzbedrohende Angst: vor Ausgrenzung, vor Diskriminierung, vor Abmahnung, vor Kündigung. Auch beim Synodalen Weg habe ich anfangs verschiedene Ängste wahrgenommen. Ich spürte, dass da Bischöfe, Weihbischöfe, Priester und pastorale Mitarbeiter:innen waren, die nicht wagten, sich öffentlich und frei zu äußern und offen zu sagen, was sie denken. Ich erlebte kluge und höchst kompetente Frauen, die für Reformen eintreten, aber nur bis zu einer bestimmten Grenze. Denn sie wissen um ihre Abhängigkeit vom Dienstgeber Kirche und fürchten den Entzug der Lehrerlaubnis. Gott sei Dank hat sich das inzwischen zumindest zum Teil geändert. Eine neue Kultur der Offenheit hat sich einen Weg gebahnt. Immer mehr Menschen befreien sich von der Angst. Den Anfang machten die Frauen, die sich zu ihrer priesterlichen und diakonischen Berufung bekannten, dann folgten die Priester, die trotz des römischen Verbots Menschen in gleichgeschlechtlichen Partnerschaften segneten. Dann die 125 queeren Menschen, die mit der Aktion *#OutInChurch* den Schritt in die Öffentlichkeit und in eine neue Freiheit hinein gegangen sind. Inzwischen äußern sich auch immer mehr Priester, die die Ausgrenzung von Frauen und Queeren, von Andersdenkenden und Anderslebenden nicht weiter mittragen wollen und die Einhaltung der Menschenrechte in der Kirche fordern. Ja, die Angst bröckelt – endlich! Und das hat auch positive Auswirkungen auf den Synodalen Weg und die dortige Debattenkultur.

Was braucht es in der Kirche, damit die Angst endgültig verschwindet?

Mehr Souveränität, mehr Offenheit, mehr Mut und mehr Toleranz. Mehr Katholisch-Sein im besten Sinn, so wie wir es jetzt Schritt für Schritt erleben. Wir denken oft viel zu klein und zu eng. Das weite Herz Jesu zeigt, dass es auch anders geht. Meine Vision von Kirche ist, dass alle so leben können, wie es ihnen gemäß ist, dass alle ihre Meinung offen sagen können, ohne ausgegrenzt zu werden. Dass niemandem der Glaube und das Katholisch-Sein abgesprochen wird, weil er oder sie anders lebt oder andere und vielleicht unbequeme Vorstellungen hat. Dieser Traum von Kirche speist sich sicher auch aus meinem Ordensleben. Ich lebe in einer Gemeinschaft aus vier Generationen. Da gibt es natürlich sehr verschiedene Menschen und unterschiedlichste Auffassungen. Doch jede kann und darf diese äußern. Alle wichtigen Entscheidungen werden gemeinsam und mit Mehrheit getroffen. Da sitzt keine Äbtissin, die sagt: Hier geht's lang und ihr habt alle zu folgen. Da wird so lange miteinander gerungen, bis ein gemeinsamer Weg gefunden ist. Wir leben also bereits das, was wir uns als Synodale Kirche der Zukunft vorstellen.

Zu den »evangelischen Räten« gehört aber doch auch das Gelübde des Gehorsams?

Das ist richtig. Wir verstehen den Gehorsam heute so, dass wir gemeinsam auf den Willen Gottes für unsere Gemeinschaft und in dieser unserer Zeit hören und diesen dann auch tun. Es geht um einen dialogischen Gehorsam und nicht um Up-down-Entscheidungen der Verantwortungsträger:innen. Dieses Verständnis von Gehorsam setzt sich gottlob nach und nach durch. Das war nicht immer so. Das müssen wir selbstkritisch eingestehen. Auch ein Gelübde und vor allem das des Gehorsams kann missbraucht werden. Machtmissbrauch von oben und falsch verstandene Demut von unten sind in unseren Klöstern nicht selten eine unheilige Allianz eingegangen, was zu schweren Verwerfungen geführt hat. Dem Phänomen des spirituellen und geistlichen Missbrauchs kommen wir erst jetzt nach und nach auf die Spur. Da sind noch viel Mut zur Wahrheit, persönliches Umdenken und systemische Reformen notwendig.

In Ihrem Eingangsstatement zu Beginn des Synodalen Weges sprachen Sie davon, dass die Kirche von den Ordensgemeinschaften lernen könne. Was meinen Sie damit genau?

Zum einen waren die Orden in der Geschichte der Kirche oft prophetische und radikale Reformbewegungen. Ohne sie hätte es eine Vielzahl von Veränderungsprozessen nicht gegeben. Sie waren immer ein Stachel im Fleisch der Kirche, haben an vergessene Werte erinnert und neue ins Blickfeld gerückt. Daran könnten wir meines Erachtens heute wieder anknüpfen. Zum anderen haben die Orden seit Jahrhunderten Erfahrung im Miteinander von Männern und Frauen: Der heilige Benedikt wäre nichts ohne die heilige Scholastika, der heilige Franziskus nichts ohne die heilige Klara, die heilige Teresa von Ávila nichts ohne den heiligen Johannes vom Kreuz und der heilige Vinzenz von Paul nichts ohne die heilige Luise von Marillac, um nur einige Beispiele zu nennen. Das Miteinander und die gegenseitige Inspiration der Geschlechter waren in den Orden also immer wichtig und fruchtbar. Vorbildlich scheint mir in den Orden auch, dass wir bereits seit langem Teilhabe aller an den Entscheidungen leben. Ebenso wichtig ist, dass in den Orden Leitung auf begrenzte Zeit übernommen wird. Diese Erfahrung zeigt, dass es der Autorität keinen Abbruch tut, wenn sie begrenzt ist. Ganz im Gegenteil eröffnen sich damit immer wieder neue Perspektiven und Spielräume. Und schließlich, was die Frauenfrage angeht, so gilt, dass Ordensfrauen seit 1500 Jahren Erfahrung in geistlicher, organisatorischer und auch wirtschaftlicher Leitung haben und sich gezeigt hat, dass sie dies genauso gut können wie Männer.

Könnten die Orden damit auch heute noch oder wieder eine Avantgarde der Kirche sein?

So weit würde ich nicht gehen. Dazu gibt es neben den genannten Vorbildfunktionen zu viele ungelöste Probleme in unseren Ordensgemeinschaften. Ideal und Wirklichkeit klaffen leider auch bei uns nicht selten auseinander. Da sind zum einen die rasant zurückgehenden Zahlen der Ordenseintritte und damit verbunden die Überalterung vieler Konvente. Zwar gibt es weiterhin ein großes Potenzial an gottsuchenden und spirituell aufgeschlossenen Menschen, aber immer weniger von ihnen wollen sich ihr Leben lang binden. Zum anderen ist da eine weit verbreitete Aversion gegen das Gehorsamsgelübde, das, wie bereits erwähnt, auch immer missbraucht werden kann, um eigene Machtfülle zu demonstrieren oder Menschen in ungute Abhängigkeiten zu bringen. Nicht vergessen dürfen wir natürlich auch, dass Ordensleute im Rahmen des Missbrauchsskandals nicht nur Opfer spiritueller und sexualisierter Gewalt waren, sondern auch Täter und Täterinnen. Da gilt es – wie in der Kirche insgesamt –, die eigene Schuldgeschichte wahrzunehmen und schonungslos aufzuarbeiten. Um wieder eine Vorreiterrolle in der Kirche zu übernehmen, müssen wir Ordenschristen uns zunächst einmal auf unser Ursprungs- und Gründungscharisma und auf unsere Ideale besinnen, sie in unsere Zeit hinein transponieren und sie auch wieder radikaler leben.

Derzeit fragen sich nicht wenige, wie die Orden auf die #OutInChurch-Kampagne und die Forderungen der LGBTQ+-Bewegung nach uneingeschränkter Gleichberechtigung reagieren. Wie denken Sie darüber?

Ich empfand den Schritt der queeren Menschen in die Öffentlichkeit als ungeheuer mutig und wichtig. Ein weiteres Zeichen dafür, dass die Angst in der Kirche wirklich bröckelt. Ich bin dankbar, dass sich so viele geoutet haben und damit zeigen, dass es viele Lebensmodelle gibt und mehr als das, was wir in der Kirche und in den Orden bisher als binäre Geschlechterordnung wahrgenommen und vorausgesetzt haben. Ich muss gestehen, dass ich selbst da gerade sehr viel hinzulerne. Diesen Lernprozess möchte ich auch der Kirche und unseren Orden als Ganzes zugestehen. Ich weiß, dass das Thema auf der Tagesordnung steht, denn es gibt nichtbinäre (inter, trans, agender, genderfluid ...) Menschen, die sich zum Ordensleben berufen fühlen. Deshalb müssen wir auf die Frage möglichst bald eine Antwort geben. Wichtig ist mir, dass wir die unantastbare Würde eines jeden Menschen unabhängig von seiner sexuellen und geschlechtlichen Identität achten und verteidigen. Dass ein Ordensleben in Gemeinschaft die Bereitschaft zu zölibatärem Leben voraussetzt, ist klar.

Sie haben im Zusammenhang mit dem Synodalen Weg zwei Bücher herausgegeben, die für Aufsehen gesorgt haben: »Weil Gott es so will« und »Frauen ins Amt!«. Im ersten haben Sie 150 Lebenszeugnisse von Frauen gesammelt, die sich zur Diakonin oder Priesterin berufen wissen. Was bedeutet das »Frauenthema« für die Kirche?

Ich war und bin zutiefst davon überzeugt, dass die Frauenfrage die entscheidende Frage für die Zukunft unserer Kirche ist. Die Zeit ist reif, dass Frauen Zugang zu allen Ämtern und Diensten, auch zu den Weiheämtern, erhalten. Spätestens seit dem Zweiten Vatikanischen Konzil warten wir hier auf grundlegende Veränderungen, doch de facto ist viel zu wenig passiert. Man kann heute keiner Frau mehr klarmachen, dass sie nur aufgrund ihres Geschlechtes von bestimmten Ämtern ausgeschlossen ist. Wenn die Lebens- und Erfahrungswirklichkeit der Frauen in der Kirche aber vollkommen anders ist als die im normalen Leben, dann passt das einfach nicht mehr zusammen. Viele Frauen und auch Männer quittieren das mit Kirchenaustritt oder damit, dass sie sich in Initiativen und Verbänden vernetzen und organisieren, die sich für Geschlechtergerechtigkeit in der Kirche einsetzen. Mancherorts entwickeln sich neben der Kirche auch bereits Parallelstrukturen, denn die Ausgetretenen haben ja keineswegs ihren Glauben verloren, sondern suchen nun nach neuen Formen, ihre Spiritualität leben zu können. Zum anderen wollte ich den theologischen Diskussionen im Synodalen Forum »Frauen in Diensten und Ämtern der Kirche« die konkrete Lebenswirklichkeit von Frauen an die Seite stellen. Authentische biografische Zeugnisse sind oftmals deutlich wirksamer und können Bewusstsein nachhaltiger verändern als theologische Argumentationen.

Können Sie gemeinsame Grundlinien, aber auch Unterschiede in den von Ihnen gesammelten Lebenszeugnissen der Frauen beschreiben?

Die Autorinnen sind Frauen aus vier Generationen und dem gesamten deutschsprachigen Raum, die sich zum großen Teil seit vielen Jahren in der Kirche haupt- und ehrenamtlich engagieren. Sie alle leiden unter Diskriminierung und Ausgrenzung, unter mangelnder Teilhabe und Mitverantwortung; daran, dass sie ihre eigenen theologischen und geistlichen Kompetenzen und Charismen zu wenig einbringen können und abhängig sind vom Wohlwollen der männlichen Amtsträger. Besonders aber leiden sie daran, dass ihre Berufungen allzu oft nur belächelt, nicht ernst genommen und gar nicht erst geprüft werden. Was die Unterschiede betrifft, so gibt es eine ganze Bandbreite an Einstellungen und Reaktionen: von Enttäuschung und Zorn über Resignation und auch Depression bis hin zu einem großen Hoffnungspotenzial und zu mutigem und kämpferischem Einsatz für Erneuerung und Veränderung in der Kirche. Viele Frauen – wie auch ich – wünschen sich, dass wir das einseitig männlich-klerikale und hierarchische Priesterbild überwinden und zu einem geschwisterlich gelebten, diakonischen Amtsverständnis kommen. Sie wünschen sich Hirten und Hirtinnen, die gemeinsam ausgebildet und ausgesandt werden, die zusammen mit den Menschen unterwegs sind, die mit allen Getauften und Gefirmten gemeinsam Ausschau halten nach den besonderen Charismen in den Gemeinden und diese fruchtbar werden lassen für den Aufbau des Reiches Gottes.

Würde es Frauen und Männer in der Kirche bereichern, wenn es Priesterinnen und Diakoninnen gäbe?

Ja, ganz sicher. Vielen Resonanzen auf unser Buch – von Männern und Frauen, Klerikern und Lai:innen – entnehme ich, dass dies so ist. Nicht wenige empfinden unsere »Männerkirche« als amputierte Kirche und wünschen sich ein gleichberechtigtes Miteinander der Geschlechter in allen Bereichen des kirchlichen Dienstes. Lassen Sie mich drei konkrete Beispiele nennen: Im Verkündigungsdienst vermissen viele die Perspektive der Frauen. Sie wünschen sich in den Gottesdiensten Predigten von Frauen, weil ihnen damit neue, bisher unbekannte Horizonte des Evangeliums eröffnet werden.

Kranke und Sterbende leiden darunter, dass die zumeist weiblichen Krankenhausseelsorger:innen ihnen nicht die Krankensalbung spenden dürfen, obwohl sie ihnen zum Teil schon lange Zeit zur Seite gestanden haben. Schließlich fragen sich viele, die vielleicht jahrelang von einer Frau geistlich begleitet wurden, warum ihnen das Sakrament der Beichte vorenthalten wird, weil sie nicht bei ihr, sondern nur bei einem männlichen Priester beichten dürfen, sie dies aber, aus welchen Gründen auch immer, nicht können oder wollen. Gerade dieses Letztgenannte erleben wir in unseren Klöstern sehr häufig, weil viele Frauen zu uns kommen, die im geistlichen Gespräch eine Lebensbeichte ablegen und sich natürlich dann auch nach der Absolution sehnen. Da diese Lossprechung aber bisher dem Bußsakrament – und damit allein den geweihten Männern – vorbehalten ist, müssen wir uns darauf beschränken, eine würdevolle und befreiende Segnung zu spenden. Es gibt also genügend gute Gründe, sich der Frage zu stellen – wie wir es im Synodalen Weg tun –, ob nicht bereits im Rahmen des geltenden Kirchenrechts eine Beauftragung von Frauen für den Predigtdienst längst überfällig wäre und ob Beauftragungen von Nicht-Geweihten für die Spendung einzelner Sakramente – Taufsakrament, Bußsakrament, Ehe-Assistenz, Krankensalbung – nicht ebenso möglich wären. Auch, um die sakramentale Struktur der Kirche überhaupt auf Dauer aufrechterhalten zu können, wäre dies ein wichtiger und notwendender Schritt. Gott sei Dank gibt es in verschiedenen Bistümern bereits Ansätze in diese Richtung. Es gibt im geltenden Kirchenrecht noch sehr viele Spielräume für eine stärkere Beteiligung der Frauen an Ämtern und Diensten, die bisher keineswegs ausgeschöpft sind. Ich möchte den Bischöfen deshalb ausdrücklich Mut zusprechen und sie darin bestärken, diese Gestaltungsräume noch mehr zu nutzen. Im zweiten Schritt gilt es dann natürlich, sich dafür einzusetzen, dass der Canon 1024 des Kirchenrechtes, wonach nur ein getaufter Mann gültig die Weihe empfangen kann, geändert wird.

Papst Johannes Paul II. hat am 22. Mai 1994 in dem lehramtlichen Schreiben »Ordinatio Sacerdotalis« betont, dass die katholische Kirche »keinerlei Vollmacht hat, Frauen die Priesterweihe zu spenden«. Auch die nachfolgenden Päpste Benedikt XVI. und Franziskus haben daran festgehalten.

Das stimmt. Ich sehe dennoch nicht, dass diese Aussagen ein in Stein gemeißeltes Gesetz Gottes sind. In der Kirchengeschichte gab und gibt es immer Wandlungen in den Lehrentscheidungen und damit auch im Kirchenrecht. Es darf keine Denkverbote geben. Wie jetzt beim Synodalen Weg, so muss es immer wieder Spielräume zum Weiterdenken und Weiterargumentieren geben. Basta-Entscheidungen und Diskussionsverbote sind nie hilfreich, auch nicht, wenn sie weiter wiederholt werden. Aus meiner Sicht wäre es höchst sinnvoll, in dieser Frage auch auf die »vox populi«, die Stimme des Gottesvolkes, und den »sensus fidei fidelium«, den Glaubenssinn der Gläubigen zu hören. In dem beim Synodalen Weg mit großer Mehrheit verabschiedeten Orientierungstext werden gerade dieser Glaubenssinn der Gläubigen und die Zeichen der Zeit neben der Heiligen Schrift, der Tradition und dem Lehramt als Quellen der göttlichen Offenbarung genannt. Wenn die Kirche auf diese beiden hören würde, dann hätten die Frauen schon lange Zugang zu allen Diensten und Ämtern der Kirche.

Wie könnte die katholische Kirche schon heute auf Frauen zugehen, die sich zur Diakonin oder Priesterin berufen fühlen?

Vor allem mit offenem und hörendem Herzen. Wenn eine Frau eine Berufung zur Diakonin oder Priesterin in sich wahrnimmt und erkennt, dass sie im tiefsten Innern von Gott angesprochen und gemeint ist, dann sollte ihre Neigung, ihre Eignung, ihre innere Bereitschaft zur Nachfolge ernsthaft geprüft werden. Frauen wären sicher nicht per se die besseren Priester. Priester und auch Priesterinnen bleiben immer Menschen mit Fehlern und Schwächen. Aber entscheidend ist, dass Ämterfragen nicht am Geschlecht festgemacht werden dürfen, sondern eine Frage der Berufung durch Gott und der theologischen und geistlichen Kompetenz der Einzelnen sein sollten. Bischöfe und Amtsträger, alle, die in der Berufungspastoral tätig sind, aber auch die Verantwortlichen katholischer Frauenverbände sollten also die Frauen, die sich zur Diakonin oder zur Priesterin berufen wissen, einladen und ihnen wertschätzend zuhören. Damit würde zumindest das Verschweigen nach dem Motto: »Was nicht sein darf, ist auch nicht« gebrochen. Sodann sollte nach den gleichen Kriterien, wie sie bei Priesteramtskandidaten angewandt werden, geprüft werden, welche Berufung und Charismen jeder einzelnen dieser Frauen geschenkt sind. Damit wäre sichergestellt, dass deren Begabungen nicht länger versteckt, sondern öffentlich gemacht und anerkannt würden. Ich bin überzeugt, dass viele Bischöfe auf diese Weise auch einen ganz neuen Blick auf Frauenberufungen gewännen und sich machtvoller für den Zugang der Frauen zu den Weiheämtern einsetzen würden.

Welche Rollen spielen Angst und Macht in der aktuellen Debatte um die Weihe von Frauen?

Überall da, wo Menschen zusammenleben, ganz besonders dort, wo es deutliche Hierarchien gibt, spielt die Angst- und Machtfrage eine große Rolle. So natürlich auch in der Kirche, zumal gerade in ihr das geistliche Weiheamt so eng verknüpft ist mit dem Leitungsamt, das immer eine besondere Machtfülle mit sich bringt, die sinnvoll gebraucht, aber eben auch missbraucht werden kann. Es gibt sicher ganz vielfältige und sehr unterschiedliche Ängste, von denen nur eine die Angst vor Machtverlust ist. Ich persönlich bin aber der Überzeugung, dass Ängste eine wichtige Aufgabe sind, die das Leben uns stellt, und dass sie auch ein Weg der Befreiung und Verwandlung sein können. Insofern sind neue Wege zu mehr Gewaltenteilung in der Kirche notwendig und heilsam. Ich bin sehr dankbar, dass dieses Thema im Rahmen des Synodalen Weges so intensiv bedacht wird und dass wegweisende Vorschläge für Partizipation und Gewaltenteilung sowie für eine neue Kultur des Miteinanders und der gemeinsamen Verantwortung erarbeitet wurden. Die hier gewonnenen Erkenntnisse haben auch Auswirkungen auf das Thema Geschlechtergerechtigkeit in der Kirche. Denn letztlich geht es hier wie dort um die Bereitschaft der Kirchenmänner, auf Macht zu verzichten und sich einer wirksamen Kontrolle der Macht zu unterwerfen. Wichtig in diesem Zusammenhang ist mir auch die Feststellung, dass es den Frauen, die ein Weiheamt in der Kirche anstreben, keineswegs um Macht als solche geht, sondern um gleichberechtigte Teilhabe und ebenbürtige Gestaltungsmöglichkeiten. Es geht ihnen um den gemeinsamen Dienst für die Menschen, um die gemeinsame Verantwortung und damit um die gemeinsame Antwort der Geschlechter auf den Heilsauftrag Jesu.

Nehmen Sie eine Veränderung im Denken und Handeln von Kirchenmännern in der »Frauenfrage« wahr?

Durchaus, Gott sei Dank. Nicht wenige Männer der Kirche – Bischöfe, Priester, Ordensmänner, Diakone und Laien – solidarisieren sich inzwischen mit den Frauen und setzen sich kritisch mit dem eigenen Mannsein in der Kirche und den damit verbundenen Privilegien auseinander. Sie gestehen offen ein, dass auch sie an der enormen Verschwendung an weiblichen Begabungen und Charismen leiden und die Frauen im Dienst der Verkündigung ebenso wie in der Sakramentenspendung schmerzlich vermissen. So ist eine breite Koalition reformwilliger und reformbereiter Menschen entstanden. Die Tübinger Dogmatikerin Johanna Rahner sagte einmal: »Wir müssen über Diskriminierung von Frauen sprechen, aber es sind nicht die Frauen, die das ändern können.« Wir müssen also die Männer überzeugen. Und genau dieser Überzeugungsprozess läuft derzeit erfolgreich auf verschiedenen Ebenen.

Was würde die katholische Kirche gewinnen, wenn sie den Frauen Wege zu Diensten und Ämtern der Kirche ebnen würde?

Ich bin überzeugt, dass unsere Kirche in jeder Hinsicht an Glaubwürdigkeit, an Vertrauen und an Strahlkraft gewinnen würde. Die Kirche würde bereichert, wäre authentischer und sicher auch näher an den Menschen. Mehr als die Hälfte aller Katholiken sind Frauen. Viele von ihnen tragen seit langem die Gemeinden, sind das Herz der Glaubensweitergabe. Viele sind theologisch und spirituell gut ausgebildet und hochkompetent. Da ist es an der Zeit, dieses Engagement nicht nur mit freundlichen Worten zu würdigen, sondern den Frauen den Platz einzuräumen, der ihnen von ihren Begabungen und Charismen her zusteht. Ein weiterer Aspekt ist: Unsere Kirche, allen voran Papst Franziskus, engagiert sich unermüdlich für die unveräußerliche Würde und die Rechte der Frauen weltweit. Dieses Engagement würde deutlich an Glaubwürdigkeit gewinnen, wenn die Kirche Geschlechtergerechtigkeit im eigenen Rahmen vorleben würde. Sie könnte damit geradezu zur Vorreiterin im weltweiten Einsatz für die Menschenrechte und für die so vielfach entwürdigten, unterdrückten und diskriminierten Frauen werden. Sie wäre endlich einmal Avantgarde, anstatt immer nur den gesellschaftlichen Entwicklungen hinterherzulaufen.

Teilen Sie die Sorge derjenigen, die durch die Reformvorhaben Spaltungen befürchten?

Zunächst einmal habe ich den Eindruck, dass eine große Mehrheit der Bischöfe und Lai:innen in Deutschland die Dringlichkeit von Reformen sehr deutlich sieht und substanzielle Schritte der Veränderung auf den Weg bringen will. Das hat der Synodale Weg bereits mehrfach eindrücklich unter Beweis gestellt. Die Sorge vor Spaltungen teile ich nicht. Das Szenario einer Spaltung wird eher als »Totschlagargument« von denen benutzt, die sich Reformen gänzlich verweigern und nicht verstehen können oder wollen, dass Tradition immer etwas Lebendiges und damit auch Veränderbares ist. Wir dürfen nicht Universalität mit Uniformität verwechseln. Es gab in der universalen katholischen Kirche immer verschiedene Traditionen, Teilkirchen, die eigene Wege gingen oder in bestimmten Fragen vorausgingen und dennoch Teil der Gesamtkirche blieben. Insofern bin ich der Überzeugung, dass Einheit in Vielfalt unsere Kirche nicht zerbrechen, sondern eher wieder lebendiger und überzeugender machen würde.

Viele Menschen irritiert das beharrliche »Bleiben und Kämpfen« von Menschen wie Ihnen und sie fragen sich: Warum nicht einfach gehen? Warum nicht einfach die Sache selbst in die Hand nehmen?

Es mag sein, dass manche so denken. Für mich ist das keine Option. Ich bin nun einmal tief in meinem Glauben verwurzelt, bin Ordensfrau, Benediktinerin. Ich liebe meine Kirche, auch wenn ich sehr oft an ihr leide und überzeugt bin, dass Gott sie sich nicht so gedacht hat, wie sie derzeit aussieht. Gerade deshalb möchte ich dazu beitragen, dass wir dem ursprünglichen Bild, der guten, befreienden Botschaft des Evangeliums, wieder näherkommen. Gehen ist mir zu einfach. Veränderungen, wenn sie nachhaltig sein sollen, müssen von innen heraus geschehen. Und was das Tun betrifft, so geschieht schon unendlich viel, auch an Selbstermächtigung. In zahlreichen Teilen der Welt gibt es zudem synodale Aufbrüche. Überall engagieren sich Frauen und Männer in Gemeinden, Verbänden und Initiativen und setzen sich für Erneuerung und für Reformen ein. Das lässt mich zuversichtlich in die Zukunft schauen.

Parallel zum deutschen Synodalen Weg läuft derzeit der von Papst Franziskus in Gang gesetzte weltweite Synodale Prozess, der im Herbst 2023 in die Weltbischofssynode einmünden soll. Wie sehen Sie das Verhältnis dieser beiden Wege zueinander?

Dass Papst Franziskus in der ganzen Welt einen Synodalen Prozess initiiert hat, ist ein ganz wichtiger Schritt für die Zukunft und die Zukunftsfähigkeit unserer Kirche. Das Thema Synodalität ist in der Tat ein not-wendendes, das so wichtige Fragestellungen wie Transparenz, Partizipation und Gewaltenteilung beinhaltet. Alles Themen, die in unserem deutschen Synodalen Weg auch wichtig sind. Wir dürfen aber nicht vergessen, dass der deutsche Synodale Weg und der weltweite Synodale Prozess verschiedene Ursprünge haben. Der deutsche Weg wurde begonnen, um die systemischen Ursachen der sexualisierten Gewalt an Kindern, Jugendlichen und auch erwachsenen Frauen und Männern zu durchdenken und konkrete Reformvorschläge zu erarbeiten. Wir, das heißt die Bischöfe, Priester, Ordensleute und Lai:innen, Männer und Frauen, sind auf diesem Weg von Anfang bis Ende synodal unterwegs. In dem römischen Synodalen Prozess dagegen wird dem Volk Gottes zwar in der ersten Phase eine Schlüsselrolle zugesprochen, dann aber durchlaufen die »Umfrageergebnisse« bereits erste Filter, und am Ende wird den Gläubigen praktisch kaum mehr die Möglichkeit eingeräumt, an dem Reformprozess erkennbar mitzuwirken. Was nützen aber alle Anstrengungen zu Beginn, wenn die eigentliche Synode am Ende doch wieder – abgesehen von zwei »Quotenfrauen« – ein mehr oder weniger exklusives bischöfliches Ereignis sein wird? Eine wirkliche Synode wäre dieser weltweite Prozess aus meiner Sicht dann, wenn auch hier Bischöfe und Laien, Männer und Frauen gemeinsam miteinander beraten würden. Da dies nicht der Fall ist, wird es aber umso wichtiger sein, unsere im deutschen Synodalen Weg besprochenen Themen und die dort beschlossenen Texte in den weltweiten Prozess einzuspeisen, damit unser Votum überall zur Kenntnis genommen und diskutiert wird. Die Themen, die uns beschäftigen, stehen schließlich keineswegs nur bei uns, sondern in allen Kontinenten auf der Tagesordnung. Ich hoffe deshalb sehr, dass das deutliche Votum unseres Synodalen Weges für Teilhabe und Gewaltenteilung, für eine auf Dauer gestellte synodale Kirche und natürlich auch für die Öffnung der Weiheämter für Frauen im weltweiten Synodalen Prozess aufgegriffen wird und in Rom auf offene Ohren und Herzen stößt. Was das Diakoninnenamt betrifft, so erwarte ich baldige Fortschritte. Für das Priesterinnenamt brauchen wir wohl noch einen längeren Atem. Es ist aber schon ein nicht unbedeutender Fortschritt, dass darüber wieder ganz offen diskutiert wird. Insofern bin ich auch hier guter Hoffnung, dass ich die Weihe von Frauen in den nächsten zwanzig Jahren noch erleben werde. Es gibt selbst heute noch Wunder, wenn wir nur fest genug daran glauben.

Welche Frage würden Sie am Ende gerne beantworten, die aber nicht gestellt wurde – und wie lautet Ihre Antwort?

Diese Frage könnte vielleicht lauten: Was wäre, wenn in unserer deutschen Kirche und in der ganzen Weltkirche in absehbarer Zeit keine substanziellen Fortschritte in der Frauenfrage erreicht werden? Meine Antwort ist: Ich halte mich an die Heilige Schrift, Römerbrief 4,18, wo Paulus von Abraham bezeugt: »Wider alle Hoffnung hat er voll Hoffnung geglaubt.« Wir dürfen niemals den Mut und den Glauben verlieren und uns die Hoffnung nicht nehmen lassen. Die Frauen, die einst für Frauenrechte in Staat und Gesellschaft kämpften, mussten auch immer wieder neuen Mut fassen. Es gab unendlich viele Rückschläge. Und doch sind sie immer drangeblieben. Sie sind dabeigeblieben, haben sich nicht entmutigen lassen. Das ist eine der großen Stärken von uns Frauen, denke ich: das Dabeibleiben. Das zeigten schon jene, die Jesus gefolgt sind und bis zum Ende bei ihm blieben. Insgesamt vertraue ich auch jetzt im Synodalen Weg und im weltweiten Synodalen Prozess ganz auf die Kraft und das Feuer des Heiligen Geistes. Wir müssen uns ihm öffnen und mutig voranschreiten. Ich bin überzeugt, dass die gegenwärtige Krise unserer Kirche zwar sehr schmerzlich ist, aber auch eine ungeheure Chance zur Wandlung und Erneuerung birgt. Es gilt, gemeinsam den Kairos zu nutzen und zu tun, was wir können, um die Kirche von morgen zu bauen, solange es noch Menschen gibt, die sich in ihr und für sie engagieren wollen. Am Ende dürfen wir es dann getrost Gott überlassen, wie und wohin er uns führen wird.

Der Stil Gottes
ist bedingungslose Liebe

Br. Thomas Wierling im Gespräch
mit Marcus Leitschuh

Sie haben sich für dieses Interview das Thema »Vielfalt als Zukunftsoption der Kirche« gewünscht. Was war Ihr Gedanke, als sich bei #OutInChurch 125 Personen – auch Ordensleute – geoutet haben? In sozialer und karitativer Arbeit, Katechese, Erziehung, Pflege, Seelsorge, Kirchenleitung, Verwaltung oder im Bildungsbereich tätige Menschen, die von ihrer Angst schildern, den Job bei der Kirche zu verlieren, ausgegrenzt zu sein – nur wegen ihrer sexuellen Orientierung?

In mir war ein Gewirr von verschiedenen Gedanken und Emotionen: sprachlos. Entsetzt. Fassungslos. Auch große Scham. Ich habe mich gefragt, was Kirche wohl bewegt hat, diese Menschen bisher so zu diskriminieren. Jene, die sich bei #OutInChurch geoutet haben, sind für mich Mitchristen, gläubige und suchende Menschen. Gute und aufrichtige Christinnen und Christen. Menschen, die den Glauben weitergeben. Religionslehrer, Katecheten oder in anderen Berufen mit dem Arbeitgeber Kirche. Für mich wurde die Vielfalt der Menschen sichtbar, die sich mit ihrem Glauben und Kirche verbunden fühlen, die sich aber durch ihre sexuelle Orientierung innerhalb der Kirche ins Abseits gestellt fühlen mussten. Um es einmal mit einer Frage auf den Punkt zu bringen: Was hat Verkündigung des Glaubens mit meiner sexuellen Orientierung zu tun? Mein Wunsch an Kirche ist, dass der Mensch im Mittelpunkt steht, so wie er von Gott geschaffen ist – geschaffen, gewollt und geliebt!

»Die katholische Kirche ist so vielfältig wie die Gesellschaft selbst und Heimat für jede:n. Niemand darf wegen der eigenen sexuellen Orientierung und/oder geschlechtlichen Identität diskriminiert oder ausgeschlossen werden«, stellen über 20 katholische Verbände und Organisationen – darunter auch die Interfranziskanische Arbeitsgemeinschaft (INFAG) in einer gemeinsamen Erklärung »für eine Kirche ohne Angst« fest. Warum ist diese Erklärung notwendig?

Ich verstehe es nicht und kann es auch nicht nachvollziehen, dass die Kirche auf der einen Seite sagt, Glauben ist vielfältig und bunt und auf der anderen Seite wird die Bewertung einer sexuellen Orientierung so in den Vordergrund gestellt. Warum sieht die Kirche nicht die Vorteile der Vielfältigkeit? Ehrlich: Ich verstehe es nicht! Meine größte Hoffnung ist, dass der Mensch wieder mehr in den Mittelpunkt rückt, egal, wie er denkt oder wie er liebt.

Die beteiligten Verbände und Organisationen betonen die Notwendigkeit von mehr Diversität in der katholischen Kirche. Es dürfe nicht länger hingenommen werden, dass Menschen in kirchlichen Kontexten aus Angst gegenüber Vertretern der Kirche ein Schattendasein führen müssen, wenn sie nicht dem von der Kirche normierten Geschlechterbild entsprechen. Welche Erfahrungen haben Sie bei diesem Thema in den Ordensgemeinschaften gemacht?

Ich bin für die Ausbildung der neuen Ordensmitglieder zuständig. Meine primäre Frage ist nicht die nach der sexuellen Orientierung, weil das nichts mit der persönlichen Berufung zum Ordensleben zu tun hat. Meine Aufgabe als Ausbilder ist zu fragen: Welche Berufung schlummert in dir oder auf dem Grund deiner Seele? Ich frage nach der persönlichen Suche und Sehnsucht: Wohin führt mich meine Sehnsucht? Wie gestalte ich mein Leben? Und aus welchen Quellen lebe ich? Für mich ist die Biografiearbeit wichtig: Wer hat mich in meinem Leben beeinflusst, geprägt. Dazu gehört auch die Auseinandersetzung mit der eigenen Sexualität. Kann ich mich so annehmen, wie ich bin? Ist es so in Ordnung, wie ich bin? Die Entscheidung für das Leben im Orden ist auch die Entscheidung zu einem Leben mit den drei »evangelischen Räten«: Ehelosigkeit, Armut und Gehorsam. Dies gilt für jeden, unabhängig von seiner sexuellen Orientierung. Und genau da erleben einige Menschen Kirche anders. Nach dem Motto: Es geht uns gar nicht um deine Talente, deine Berufung und deine Charismen, wir reduzieren dich auf deine sexuelle Orientierung.

Eine Forderung an Kirche ist, dass sie in Riten und Sakramenten sichtbar macht und feiert, dass LGBTQ+-Personen und -Paare von Gott gesegnet sind. Die beim Synodalen Weg direkt beteiligten Ordensleute kritisieren das Nein des Vatikans zu Segnungen homosexueller Partnerschaften. »*Wir reihen uns ein in die lange Reihe derer, die entschieden ihre Stimme für die Segnung gleichgeschlechtlicher Partnerschaften erheben und gegen eine diskriminierende und ausgrenzende Sexualmoral. Wir tun dies im Wissen, dass Gott alle Menschen – unabhängig von ihrer geschlechtlichen Identität und ihren individuellen Lebensentwürfen – gleichermaßen liebt und ihnen seinen Segen unterschiedslos zuspricht*«, *heißt es in einer Erklärung. Wird es diese Segensfeiern in Zukunft geben, würden Sie auch ohne* »*Segen aus Rom« segnen?*

Ganz klar: Ja! Da müsste ich der Kirche gegenüber ungehorsam sein und meinem Gewissen folgen. Segnen ist ein guter Dienst an den Menschen. Wenn es der Wunsch ist, dass zwei Menschen ihre Partnerschaft unter den Segen Gottes stellen wollen, kann ich es ihnen nicht verbieten. Ich merke, dass ich das nicht verweigern könnte. Und ich glaube, dass der Segen im Sinne Gottes wäre. Man darf auch nicht vergessen: Segnen darf jeder Mensch. Ich bin zwar kein Priester, aber müssen wir da als Kirche nicht kreativer werden? Wir haben uns für »angemessene liturgische Formen zur Segnung gleichgeschlecht-licher Paare« ausgesprochen. Angemessen bedeutet, dass ein Paarsegen keine Eheschließung ist. Es geht eben um Segen. Und wer ihn sich wünscht, sollte ihn auch bekommen, weil nicht wir segnen, sondern es ist immer Gott, der segnet.

In ihrer Erklärung heißt es, die jeweiligen Ordensgründerinnen und -gründer hätten gelehrt, »in der Nachfolge Jesu ausnahmslos alle Menschen zu ehren, ihnen offen und gastlich zu begegnen, sie auf ihrem Lebensweg zu begleiten und ihnen den Segen Gottes als Schwestern und Brüder weiter zuzusagen«. Welche Argumente, Emotionen, welches Beispiel und welches Wissen können Sie aus der langen Tradition der Orden einbringen?

Der Schwerpunkt der Canisianer war anfangs die Arbeit mit benachteiligten Kindern und Jugendlichen. Zu unseren Grund-erfahrungen gehört: Ich muss den Menschen so nehmen, wie er ist. Diese Vielfalt ist manchmal sehr anstrengend und her-ausfordernd. Ich weiß, dass mir auch einige Macken von Mit-menschen auf die Nerven gehen. Und trotzdem: Ich nehme den anderen, wie er ist. Und wenn es mir schwerfällt, muss ich es manchmal auch einfach ertragen. Dann ist das eben so. Ich kann es mir nicht anmaßen, jemanden so zurechtbiegen zu wollen, wie ich ihn gerne haben möchte. Das geht nicht. Wenn also jemand zu mir kommt, versuche ich, ihm offen zu begeg-nen. Und wenn ich merke, ich bin überfordert, ich kann nicht helfen, darf ich spüren, dass ich an meine Grenzen komme. Auch die Kirche kann an ihre Grenze kommen und muss trotz-dem sagen: Ich nehme dich so an, wie du bist.

Papst Franziskus hat 2022 der US-amerikanischen Ordensschwester Jeannine Gramick für ihren Einsatz in der Seelsorge für homo-, bi- und transsexuelle Menschen, für »50 Jahre Nähe, Mitgefühl und Zärtlichkeit« in ihrem Dienst gedankt, heißt es im handschriftlichen Brief des Papstes. Ihre Seelsorge erinnere ihn an den »Stil Gottes«. Was ist für Sie der »Stil Gottes«?

Der Stil Gottes ist bedingungslose Liebe. Er leitet uns durch seinen Geist. Das kann dazu führen, dass man mutig wird und auch mal ungehorsam sein muss.

1999 verfügte die vatikanische Glaubenskongregation, dass Schwester Jeannine die Pastoral mit Gläubigen aus der LGBTQ+- Gemeinschaft aufzugeben hätte.

Wenn Kirche lehrt, dass Gott die Liebe ist, kann ich die ursprüngliche Haltung der Schwester gegenüber nicht verstehen. Kirche muss immer eine Lernende sein. Sie lernt, wenn sie die Zeichen der Zeit sieht. Kirche muss die Augen öffnen, wo sie sie vorher verschlossen hat. Seelsorge ist für jeden Menschen da. Da gibt es keine Ausnahme. Wenn Menschen nach Orientierung oder Rat suchen, erwarte ich uneingeschränkte Rückendeckung.

Was kann die Kirche auf dem Weg zu mehr Diversität aus den Orden lernen?

Wenn ich mit mir im Einklang bin, so wie ich mein Leben gestalte und auch den Heiligen Geist in mir wirken lasse, wird eine Vielfalt nach außen hin wirksam und sichtbar werden. Jeder Mensch ist schon in sich vielfältig, und das ist wahrlich nicht einfach. Ich gehöre seit dreißig Jahren meinem Orden an und es ist immer noch eine Herausforderung, die Vielfalt zu leben und manchmal auch zu ertragen. Aber hier erfahre ich auch, dass ich einen Mehrwert aus dieser Vielfalt habe und dass mein Horizont erweitert wird. »Freunde sucht man sich, Brüder hat man« – das ist vielleicht ein abgedroschener Spruch, aber da ist etwas Wahres dran. Auch wenn es zwischendurch mit den Mitbrüdern anstrengend ist, bin ich mir sicher: Wenn ich in Not bin, sind sie für mich da. Das trägt mich. Und das empfinde ich auch immer wieder als kleines Geschenk, mit dieser Vielfältigkeit in einer Gemeinschaft zu leben. Das kann Kirche von uns Orden lernen: Die Menschen mehr als Mitbrüder und Mitschwestern zu sehen. Es geht nicht darum, dass sich Kirche als Richter aufspielt. Sie muss den Focus mehr auf den Menschen richten. Ich glaube, dass sie den Draht zu den Menschen draußen auf der Straße verloren hat. Kirche ist irgendwann stehen geblieben und hat den Anschluss verpasst, und jetzt hinkt sie hinterher, weil sie sich immer noch beim Gehen an alten Strukturen festhält, weil diese ihr scheinbar Macht und Einfluss sichern, die sie aber längst nur noch scheinbar hat. Macht muss ich transparent machen, Menschen mitnehmen. Wer Macht im guten Sinn hat, hinterfragt sich auch selbst. Das erlebe ich bei der Kirche weniger. Sie kann von den Orden den Umgang mit zeitlicher Macht lernen. Bei uns wird alle sechs Jahre eine neue Leitung gewählt. Wiederwahl ist möglich, aber auch eine Abwahl. Warum kann man nicht auch in der Kirche Leitung zeitlich begrenzen? Das würde ich mir wünschen. Es muss nicht sein, dass alle sechs Jahre ein neuer Bischof gewählt wird, aber vielleicht das Führungsgremium, das mit dem Bischof berät und leitet. Ich sage es mal flapsig: Damit könnte man einer gewissen Betriebsblindheit kirchlicher Leitung vorbeugen.

Ich habe von meiner Ordensgemeinschaft immer das Gefühl vermittelt bekommen, dass man mich brauchen kann. Genau so, wie ich bin. Mit meinen Talenten. Auf der anderen Seite ist das Faszinierende an einem Orden: Die Leitung kann auf mich zukommen und mir ein neues Projekt, eine neue Aufgabe übertragen. Ich erwarte sogar, dass sie mich auch mal aus der Reserve lockt, mir Herausforderungen zutraut. Ich habe Erzieher gelernt, mit dem Schwerpunkt Heilpädagogik, und habe in einer Werkstatt für Menschen mit Behinderungen gearbeitet. Nach elf Jahren hat die Ordensleitung mich vom Niederrhein nach Recklinghausen in das sogenannte Gasthaus geschickt. Dort habe ich mit Drogenabhängigen und Obdachlosen gearbeitet. Ich hatte die Chance und das Geschenk, noch einmal etwas komplett Neues zu machen. Wäre das nicht auch ein Modell für die Kirche: Mehr Wechsel, mehr Herausforderung und nicht dreißig Jahre auf dem gleichen Bischofsstuhl, in der gleichen Pfarrei und dem gleichen Laienamt?

Ordensgemeinschaften leben aus spirituellen Quellen. Welcher Satz, welches Gebet, welche Bibelstelle leitet Sie ganz persönlich auf den Reformwegen zur Zukunft der Kirche?

Ich finde unser Gemeinschaftsgebet sehr gut. Es ist von Adolf Exeler (1926–1983). Sein »Gebet der Weggemeinschaft« wünsche ich auch der Kirche für ihre notwendigen Reformen, für ihren Weg.

Sei bei uns, Herr, auf unserem Weg.
Geh mit uns Schritt für Schritt.
Mach unsere tauben Ohren auf.
Lass unsere blinden Augen sehen.
Gib den verzagten Herzen Mut.
Lass uns in Angst nicht untergehen.
Gib uns von deinem Heiligen Geist:
dem Geist der Eintracht und der Weisheit,
dem Geist der Wahrheit und der Liebe,
damit nicht einer gegen den anderen kämpft.
Lass uns in deinem Geist Gemeinde werden
und weitersagen, was uns im Glauben stärkt.
Lass uns dich finden in der Tischgemeinschaft,
die um dein Brot versammelt ist.
Damit im Zeichen des gebrochenen Brotes
wir dich erkennen als den einen Herrn,
der uns in Liebe auf dem Weg begleitet
und uns als Boten ausschickt in die Welt.
Wir bitten, bleibe bei uns, Herr,
jetzt und an jedem Tag. Amen.

Gemeinsam ehelos

Sr. Dr. Katharina Kluitmann OSF

Der Zölibat der Diözesanpriester steht auf dem Prüfstand vieler Reformvorhaben. Was ist mit der Ehelosigkeit der Ordensleute? Anekdotische Erfahrungen legen nahe, dass die gleiche Lebensform, nämlich die Ehelosigkeit, bei Ordensleuten viel weniger angefragt wird, als das bei Priestern der Fall ist. Sogar von Wertschätzung ist die Rede bei den Orden. Lässt sich das erklären? Kann Kirche gar in den anstehenden Fragen etwas lernen von der Lebensform der Orden?

Ich beginne mit ein paar Differenzierungen, weil ich wahrnehme, dass da – auch in Reformdiskussionen – oft einiges durcheinandergeht. Viele Menschen leben nicht in einer Ehe oder überhaupt in einer Partnerschaft. Es gibt Singles, die unfreiwillig allein geblieben sind oder nach dem Ende einer Partnerschaft wieder allein sind, sei es durch Trennung, sei es durch den Tod des anderen. Andere leben aus unterschiedlichsten Gründen bewusst und frei gewählt nicht in einer Partnerschaft. Manche bleiben aus spirituellen Gründen ehelos. Die größte Gruppe dieser Menschen sind die Ordensleute. Die am stärksten wachsende Gruppe sind die *Virgines*, die in einer Feier vom Bischof angenommenen gottgeweihten Jungfrauen. Sie sind keine Ordensleute. Es gibt auch viele kleinere Gruppen Eheloser, die keine Ordensleute sind: Eremit:innen, Apostolatshelfer:innen, verschiedenste Formen von Säkularinstituten und geistlichen Gemeinschaften, alten und neuen.

Was aber ist ein Ordensmensch? Diese Frage führt in ein weites Feld. Ein Ordensmensch ist ein Mann oder eine Frau, in etwa drei Viertel der Fälle eine Frau. Was mit nicht-binären Personen ist und ob diese einem Orden beitreten können, wird gerade (eher neu) diskutiert. Ein Ordensmann oder eine Ordensfrau lebt in einer der vielen Formen von Ordensgemeinschaft, wobei wir uns die kirchenrechtlichen Spitzfindigkeiten jetzt einmal weitgehend sparen. Es gibt Orden, in denen der Schwerpunkt auf dem Gebet liegt und die von einer gewissen Zurückgezogenheit geprägt sind, man nennt die Mitglieder dieser Orden Mönche bzw. Nonnen. Andere gehen in eigenen Institutionen oder anderswo einer Berufstätigkeit nach, Ordensfrauen, Ordensmänner, Schwestern, Brüder, manche von ihnen auch Priester. Sie gehören verschiedenen spirituellen Traditionen an: augustinisch, benediktinisch, franziskanisch, dominikanisch, ignatianisch, karmelitisch, vinzentinisch und, und, und. In der DOK, der Deutschen Ordensobernkonferenz, sind etwa 400 Oberinnen und Obere vertreten, eine bunte Vielfalt, deren Prägung von sehr traditionell bis zu sehr liberal mit allen denkbaren Schattierungen reicht. Einige tragen Ordenstracht, andere gehen in Zivil. Doch bei aller unübersichtlichen Fülle haben sie alle eines gemeinsam: Sie leben ehelos und in Gemeinschaft. Für viele, gerade für Ordensfrauen, ist die Ehelosigkeit ein Schlüssel zu ihrer Berufung. Sie haben manchmal schon von Kind an, andere erst später ihre Gottesbeziehung so erfahren, dass sie mit ihm eine Lebenspartnerschaft eingehen wollen, was eine menschliche Partnerschaft ausschließt. Früher sprach man dann oft von der »Braut Christi«. Dieser Ausdruck klingt altmodisch und ist heute vielen fremd, aber das Gemeinte ist jenen, die ihre Berufung so gefunden haben, naheliegend: innige, intime Gemeinschaft mit Jesus, der den Platz einnimmt (oder freilässt), den sonst ein Partner oder eine Partnerin einnähme. Doch Ordensleute sind keine Menschen, die allein leben wollen. Sie schließen sich einer Gemeinschaft an, die ihr Leben verbindlich teilt.

Nun hat die Kirche entschieden, dass Priester in der römisch-katholischen Kirche aus dem Pool der Menschen kommen sollen, die aus spirituellen Gründen ehelos leben wollen. Das hat neben anderen, teilweise sehr banalen Gründen auch einen Grund darin, dass lange die Ehelosigkeit als die moralisch bessere und spirituell höherstehende Lebensform galt. Spätestens seit dem Zweiten Vatikanischen Konzil ist das vorbei. Alle sind zur Heiligkeit berufen, keine Lebensform ist besser als die andere. Damit wird immer weniger Menschen verständlich, warum Priester nicht auch verheiratet sein können. Zumal: Es gibt auch in der katholischen Kirche verheiratete Priester, konvertierte evangelische Pfarrer, die Priester in vielen katholischen Ostkirchen, also Kirchen, die, obwohl ihre Liturgie »orthodox« anmutet, mit dem Papst verbunden, also katholisch sind. Die MHG-Studie zeigt jedoch auf, dass in dieser Verpflichtung zum Zölibat ein Missbrauchsrisiko besteht. Außerdem wählen immer weniger Männer diese Lebensform, sodass die Feier der Eucharistie für viele Gemeinden auf dem Spiel steht, und das, wo doch immer wieder deren hoher Wert betont wird.

Was hat das alles nun mit Ordensleuten zu tun? Sie leben ebenfalls ehelos, aber bei ihnen ist die Freiwilligkeit viel offensichtlicher. Sehr pointiert ausgedrückt, wählt ein Priesterkandidat einen Beruf und muss gegebenenfalls eine Lebensform in Kauf nehmen, die er vielleicht nicht gewählt hätte. Ordensleute wählen eine Lebensform und müssen vielleicht einen Beruf in Kauf nehmen, den sie nicht gewählt hätten. Zudem ist mit der priesterlichen Ehelosigkeit in unseren pastoralen Breiten eine fast zwangsläufige Vereinzelung verbunden. Ordensleute aber leben ihre Ehelosigkeit gemeinsam. Die Gefahr der Vereinsamung ist viel geringer. Das Korrektiv der anderen, mit denen man zusammenlebt, unterstützt dabei, (möglichst) nicht schrullig zu werden. Das gemeinsame Leben hilft zu Struktur und Lebenskultur. Dies gilt auch im Alter, das für Priester oft ein großes Problem darstellt. Außerdem: Orden zeigen, dass es Vielfalt geben darf. Alle Ordensleute leben ehelos und in Gemeinschaft, aber wie genau sie das tun, unterscheidet sich mindestens so sehr, wie sich ein Ordensleben von einem Familienleben unterscheidet. Warum sollten also nicht Menschen, gern Männer und Frauen, die im priesterlichen Dienst stehen und die ihr Dienst verbindet, in ihrer Lebensform unterschiedlich sein – Verheiratete, Unverheiratete, Menschen, die noch auf der Suche nach einem anderen sind, mit dem sie das Leben teilen wollen. Es würde zu einer größeren Vielfalt des Priesterdienstes führen, die eine belebende evangelisierende Wirkung entfalten könnte. Denn so können verschiedene priesterliche Menschen für verschiedenste Menschen zu Ansprechpartner:innen werden.

Ich schätze schon sehr lange die Ehelosigkeit. Ich finde darin persönlich viel Erfüllung – und bin zugleich bereit, die Entbehrungen, die darin liegen, bewusst anzunehmen und zu gestalten. Ehelos zu leben ist für mich die optimale Form für mein Leben mit meinem Gott. Darum habe ich lange daran festgehalten, dass es gut ist, wenn Priester unverheiratet sind. Doch mehr und mehr spüre ich, dass gerade die Verpflichtung zum Zölibat das Zeugnis, das in einer freiwilligen Ehelosigkeit liegen kann, verdunkelt. Um des Wertes der Ehelosigkeit willen setze ich mich für eine Veränderung in diesem Punkt ein. Die Neuerung, die darin läge, wäre nicht umstürzend und eben auch nicht völlig neu. Wo Priester dann doch die Ehelosigkeit wählen, ist zu fragen, wie sie auch im Alltag anderweitig Gemeinschaft erleben können.

Ich habe großen Respekt vor allen, die sich für eine Beibehaltung der Verpflichtung zum priesterlichen Zölibat einsetzen, aber ich wage aus eigener Erfahrung zu fragen, ob es da nicht auch um die Schwierigkeit geht, Ungewohntes zuzulassen. Als ich in einer Gemeinde lebte, in der mir der (katholisch-ostkirchliche) Kaplan mit dem Kinderwagen entgegenkam, habe ich selbst gespürt, wie fremd sich das anfühlte. Aber Gewöhnung darf uns nicht hindern, Schritte zu gehen, die von guten Argumenten nahegelegt werden. Was mich richtiggehend schockt, ist das immer wieder zu hörende Argument: Würde die Verpflichtung zum Zölibat aufgehoben, würde kaum noch jemand den Zölibat wählen und dieser daher bald verschwinden. Dieses geringe Vertrauen in die ehelose Lebensform und in den Gott, der doch diese Gabe gibt, halte ich für ein fatales Signal und für ein Armutszeugnis. Was lebt, entwickelt sich und bleibt nicht stehen. Ich hoffe weiter auf eine lebendige Kirche, die sich entwickelt.

Dich immer größer sein lassen – Gespräch mit GOTT

Sr. M. Scholastika Jurt OP

Letzthin, mein GOTT,
hörte ich Udo Lindenberg und sein Lied
»Wir ziehen in den Frieden«.
Was mich neu berührte,
war das zitierte Grundgesetz von 1949.

Artikel 3
Niemand darf wegen seines Geschlechtes,
seiner Abstammung, seiner Rasse,
seiner Sprache, seiner Heimat und Herkunft,
seines Glaubens,
seiner religiösen oder politischen Anschauungen
benachteiligt oder bevorzugt werden.

So starke Worte, finde ich, GOTT. Sie bringen mich zu Dir.
Weil ich Dich darin spüre, Deine himmelweite Liebe,
die keinen Menschen ausschließt und keine Enge kennt.

Keine und keinen bevorzugen, keine, keinen benachteiligen.
Diese Worte aus Artikel 3 könnten von Dir sein,
von Dir inspiriert, von Dir ins Herz gelegt.
Denn alles Gute kommt von Dir,
alles Leben fließt aus Dir.

Und diese Worte des Grundgesetzes sind Leben.
Sie könnten in Deinem Evangelium zu lesen sein.
Ich meine, sie stehen da,
zwischen den Zeilen, in den Leerstellen.
Dein Wort atmet sie.

Im Blick auf Dich frage ich mich:
Was ist es, dass wir bevorzugen und benachteiligen?
Warum grenzen wir aus, teilen wir ein und wählen aus?
Du hast uns doch gerufen.
Du bist es, der ruft, der anstupst,
der uns in das immer Größere lockt.
Warum tun wir uns so schwer,
Dich immer größer zu denken?

Darf ich weiterfragen?
Warum sprechen wir einander Berufungen ab?
Jede Berufung ist Geheimnis,
göttliches Geheimnis, unverfügbar.

Warum gibt es sie unter uns,
die, die es nicht haben können,
dass alle Menschen gleich sind.
Dass Du, GOTT, nicht auf die Person schaust,
sondern auf das Herz.

Dieses Herz,
das ein anderes Wissen kennt als der Verstand.
Dieses Herz,
das anders sieht als all die klugen Köpfe.
»Selig, die rein sind im Herzen,
sie werden GOTT schauen« (Mt, 5,8).
Und wer ihn schaut,
kann nicht anders, als ihn zur Welt bringen.
Wie Maria.

Maria hat doch nicht damit gerechnet,
dass Du so kommst,
ganz leise, ohne Gedöns, durch einen Engel.
Damals im sechsten Monat in Galiläa.
Aber sie war bereit, sie war da,
war zu Hause, zu Hause bei sich.

Maria.
Wir Frauen,
wir vereinnahmen sie doch nicht für uns.
Sie gehört allen.

Sie zeigt uns auf wunderbare Weise,
was Menschsein bedeutet.
Mit Maria zeigst Du uns,
wie Du den Menschen gedacht hast.

Alle sollen auf ihre je eigene Weise Maria sein:
Dich in diese Welt tragen. Dich gebären. Alle.

Diese verrückte, göttliche Wirklichkeit,
Du und ich – Du und der Mensch:
In diesem Wir schaffst Du aus Unmöglichem Mögliches.
Alle sind Maria.

Aber Petrus dürfen wir nicht sein, auf keinen Fall.
Auch die anderen Elf nicht: »Wo kommen wir da hin?«
Apostel sind für Frauen unantastbar.
So kommt es mir vor.
Was machen wir dann mit Maria von Magdala?
Ist sie nicht so wichtig?
Sie, die uns Ostern verkündet hat?

Sag es uns, GOTT: Wie hast Du es mit uns gedacht?
Sag es deutlicher.

Ich möchte mich, GOTT,
an Deiner Liebe festhalten.
Man wollte diese Liebe damals töten,
weil sie zu frei war, zu weit.
Sie hat nicht ausgeschlossen,
nicht bevorzugt, nicht benachteiligt.

Du bist die Liebe.
Schwarz auf weiß steht es in der Bibel.
Du bist die Liebe. Und wer in der Liebe bleibt,
bleibt in Dir und Du bleibst in uns (1 Joh 4,16).

Lehre uns Deine Liebe, GOTT,
schenke uns den Geschmack Deiner Freiheit,
in die wir uns gegenseitig entlassen.
Amen.

Machtvoll Weggemeinschaft sein –
Der Beitrag der Orden zum synodalen Weg

Wir können auch anders.
Wie Ignatius von Loyola,
der zu Beginn der Moderne die Gesellschaft Jesu gründet
und die größere Ehre Gottes in der Hilfe zur Individualität
des Menschen findet.
*Lassen wir Vielfalt und Individualität als Geschenk Gottes
heute zu?*

Wir können auch anders.
Wie Franz von Sales,
der 1610 die Salisianerinnen gründete und den Glauben
durch das neue Medium des Flugblattes verkündete.
*Nutzen wir heute die modernsten Medien zur Verbreitung
der frohen Botschaft?*

Wir können auch anders.
Wie Johannes Baptist de La Salle,
der 1684 die Kongregation der »Brüder der christlichen Schulen«
gründete, denen Schulen für verwahrloste Jugendliche
wichtig waren.
*Haben wir heute nur das Bildungsbürgertum im Blick oder auch
Jugendliche mit Problemen?*

Wir können auch anders.
Wie Marie Joseph Coudrin und Henriette Aymer de la Chevalerie, die 1800 die »Ordensgemeinschaft von den Heiligsten Herzen Jesu und Mariens und der ewigen Anbetung des Allerheiligsten Altarsakramentes« gründeten. Ihr Ziel war zunächst nach der Französischen Revolution der Wiederaufbau der Kirche.
Heute ist es ein Orden von Männern und Frauen, die Gebet und Gemeinschaftsleben verbinden.
Wo bauen wir heute wieder auf?

Orden waren immer die Reißnägel auf dem Stuhl

Sr. Franziska Dieterle OSF
im Gespräch mit Marcus Leitschuh

Wie charakterisieren Sie die Rolle der Orden in den kirchlichen Reformdebatten?

Die Orden waren immer die Reißnägel auf dem Stuhl der verfassten Kirche, es wurde also ungemütlich, wenn man sich zu bequem hinsetzte. Viele Erneuerungsbewegungen gingen von Orden aus. Ich glaube allerdings, dass die Kirche sich in ihrem Selbstverständnis schon so auf den Stuhl gesetzt hat, dass sie diesen Reißnagel nicht mehr spürt – nicht nur den der Orden, auch den der Gesellschaft. Kirche als Organisation empfinde ich als selbstbezogen: Sie scheint keine anderen Menschen zu brauchen. Wenn niemand in die Kirche kommt, sind die Leute eben schuld, die zu wenig religiös sind. Es ist immer jemand schuld, nur nicht die Kirche selbst. Dabei heißt es in der Aussendungsrede (Mt 10,34-39), wir sollen nichts mitnehmen, also auch keine Karte und keine Adressenliste. Wir müssen nach dem Weg fragen. Wir sind angewiesen auf die Gastfreundschaft der Menschen, die uns begegnen. Und wir sind darauf angewiesen, dass sie überhaupt mit uns reden. Das heißt, wir müssen uns auch so verhalten, dass man mit uns redet. Wir sind also gefordert, uns zu öffnen, unterwegs zu bleiben und so auf die Menschen zuzugehen.

Ich nehme die verfasste Kirche eher so wahr, dass sie gar nicht mehr unterwegs ist, sondern sich am Weg ein bequemes Haus gebaut hat, in dem sie wohnt und sich Bildbände von Orten anschaut, wo sie eigentlich mal hin wollte. Und wenn doch mal jemand losgeschickt wird, dann mit Navi und vorgebuchtem Hotel. Man muss auch niemanden mehr nach dem Weg fragen, weil man sowieso schon alles weiß. Dabei geht es doch ums Suchen und Fragen und Aufbrechen.

Sie sprechen davon, dass die Orden dieser aufweckende Reißnagel sind.

Ja, denn Ordensgemeinschaften sind für viele Menschen genau dieser Raum des gemeinsamen Suchens. Ein Ort, an dem Kirche als Weggemeinschaft erfahren wird. Orden können diesen Menschen innerhalb der Kirche eine Stimme verleihen. Und tun dies auch, z. B. auf dem Synodalen Weg. Außerdem sind Ordensmitglieder nicht so sehr vom amtskirchlichen Gefüge abhängig. Das ist die große Chance und damit auch Aufgabe der Orden, dass wir uns ein bisschen weiter aus dem Fenster lehnen und Dinge sagen können, die sich andere vielleicht noch nicht trauen, weil sie existenzieller von möglichen Sanktionen betroffen sind.

Wenn der Schmerz durch den Reißnagel dann da ist: Lindern die Orden den Schmerz, helfen sie der Kirche, sich schmerzfreier hinzusetzen?

Eigentlich sind wir auf den Weg geschickt. Mal kurz Rast machen, o. k. Aber wir sind als Kirche nicht dazu berufen, uns irgendwo hinzusetzen und sitzen zu bleiben. Zudem: Den Schmerz des Reißnagels würde ich gar nicht lindern wollen. Dieser Schmerz kann doch so etwas sein wie ein Anstoß: Auf, jetzt geh vorwärts. Das wäre mein Traum, dass wir unser oft zitiertes Bild vom pilgernden Volk Gottes mal ernst nehmen. Mit allen Konsequenzen, die ein Pilgerweg bereithält.

»Wir als Franziskanerinnen und Franziskaner haben eine konkrete Vision von Kirche, für die wir eintreten.« Das sind Ihre Worte. Wie sieht die Vision aus? Wohin führt der Weg?

Zu den Menschen, wo immer sie sind. Und das Herausfordernde ist, dass man vorher nicht immer weiß, in welche Richtung es und wo der Weg weitergeht. Jedem Religionssystem wohnt inne, dass man sich nach einem anfänglichen spirituellen Feuer organisiert und strukturiert. Und irgendwann, ab einer gewissen Größe, ist man so mit der Organisation beschäftigt, dass man quasi die »Schubladen der Kommode« anbetet anstatt des Inhalts. Und dann geht es nur noch um Selbsterhalt: Wie wird man Mitglied und wann muss man wieder gehen? Dann kommen auch Angst und Macht ins Spiel und Sätze wie: »Es kann doch nicht jeder machen, was er will.« Nein, es soll ja auch nicht jeder in der Kirche machen, was er oder sie will. Aber vielleicht einfach das, was man vom Evangelium verstanden hat. Das ist doch Kirche?!

Mit den Menschen macht die Kirche gerade die Erfahrung, dass viele austreten. Welche Rolle spielt Ihrer Meinung nach dabei die Sexualmoral der Kirche? Sie haben sich zu diesem Thema immer wieder in Interviews geäußert.

Ich glaube, das hat ganz allgemein etwas mit Glaubwürdigkeit und Relevanz der Kirche zu tun. Wenn ich junge Leute fragen würde: »Was sagt die Kirche zur Sexualität?«, da würde ich keine Antwort bekommen. Außer vielleicht, es ist alles verboten, aber es hält sich niemand dran. Kirche macht meiner Meinung nach in der Vermittlung etwas kolossal falsch. Ein Beispiel: Als ich ca. fünfzehn war, fand in meiner Pfarrei eine Gemeindemission statt, geleitet von Ordensleuten. Wir haben uns in der Vorbereitung das Thema Sexualität gewünscht. »Kein Sex vor der Ehe«, das war irgendwie das, was ich persönlich wusste von der katholischen Sexualmoral. Der Pater hat dann mit uns über Stufen einer Beziehung gesprochen. Ich erinnere mich noch, er hat wörtlich gesagt, dass es nicht um »vor oder in der Ehe« gehe, sondern um den Grad der Vertrautheit und darum, sich zu bemühen, dass Sexualität ein Beziehungsausdruck ist, eine Beziehungsentwicklung und nicht eine schnelle körperliche Erfahrung. Mir ging damals ein Kronleuchter auf: Es geht um mehr als Sex. So ist das eine hilfreiche Botschaft, und nicht: Kein Sex vor der Ehe. Punkt.

Mara Klein sagt, wenn beim Synodalen Weg über das Thema Sex gesprochen würde, dann würde eine »gänzlich andere Sprache benutzt wie sonst üblich«. Warum tut sich die Kirche sprachlich hier so schwer?

Das ist jetzt vielleicht etwas frech, aber wenn man von etwas redet, von dem man keine Ahnung hat, dann tut man sich damit schwer. Man merkt Menschen an, ob es zu dem, wovon sie reden, auch einen inneren Resonanzboden gibt oder nicht. Und wenn Sexualität – laut Kirche – auf Fortpflanzung reduziert wird und ansonsten nicht vorkommt, dann wundere ich mich nicht, wenn man keine angemessene Sprache dafür findet.

Konnten Sie im Orden über Sexualität reden, haben Sie dort einen Resonanzraum gefunden?

Also in der Gemeinschaft als solche ist das jetzt nicht gerade das Tischgesprächsthema. Ich habe mir aber immer einzelne Gesprächspartnerinnen in der Gemeinschaft gesucht und finde das auch normal. Vor meinem Ordenseintritt habe ich ja auch nicht in jeder Bierrunde über Sexualität geredet. Mir ist es sehr wichtig, im Noviziatsunterricht über das Thema zu sprechen. Wenn man eine zölibatäre Lebensform wählt, muss man sich mit diesem Thema beschäftigen, weil es einem sonst irgendwann auf die Füße fällt. Wer zölibatär lebt, braucht einen guten und lebensförderlichen Umgang mit der eigenen Sexualität. Und damit meine ich jetzt nicht Selbstbefriedigung – so wird das oft gedeutet, wenn ich davon rede –, sondern grundsätzlich Zugang zu sich, zur eigenen Körperlichkeit, zu den eigenen Bedürfnissen und einem liebevollzärtlichen Umgang mit sich und der Mitwelt. Sonst trägt das seltsame Früchte.

Sind Orden und Priesterseminare Schlupflöcher für Menschen, die nicht offen über ihre Sexualität reden wollen? Weil man hofft, hinter dicken Klostermauern oder in der Pfarrei würde man ganz sicher nicht danach gefragt?

Nicht nur – aber auch. Ich erschrecke, wenn ich höre, dass junge Ordensleute Anfang zwanzig sagen, dass sie das Thema Sexualität beim Ordenseintritt abgegeben hätten. Da gehen bei mir alle Alarmglocken los. Deshalb ist es mir wichtig, dies in der Ordensausbildung zu thematisieren. Auch unter dem Aspekt: Wo erlebe ich mich als Frau? Das ist im Orden eine heikle Frage, denn unser Ordensgewand ist ja eher so designt, dass das keine Rolle spielt. Es geht nicht ums Kleiden, sondern um das Verhüllen. Natürlich bin ich nicht nur dann Frau, wenn man meine Kurven sieht. Aber irgendwie macht das Ordenskleid auch asexuell. Und so werde ich oft auch wahrgenommen. Der häufigste Kommentar, den ich höre, wenn mich Leute, die mich nur im Ordensgewand kannten, das erste Mal in Zivil sehen, ist: »Ach, Sie sind ja eine Frau!« Die Frage, wo und wie ich mich in meiner Identität als Frau erlebe, ist je individuell zu beantworten und dann zu pflegen. Aber für eine reife Gestaltung der Sexualität gehört diese Frage meines Erachtens reflektiert. Immer wieder.

Der Begriff »Sexualität« wird selten mit dem Ordensleben in Verbindung gebracht. Schon gar nicht mit klösterlichem Leben.

Was mich bei diesem ganzen Thema beschäftigt und bei der aktuellen Lehre der Kirche aufregt, ist, dass Sexualität häufig gleichgesetzt wird mit Sex. Meines Erachtens geht es jedoch um viel mehr. Zentral für mich persönlich, aber auch als Ausbildungsbegleiterin im Orden ist: der gute Kontakt zur eigenen Körperlichkeit, zum eigenen Körper. Das heißt, ich muss ihn also überhaupt erst wahrnehmen. Genau deshalb gehört Sport bei uns im Noviziat dazu. Aber auch Singen ist eine Art, ganz in den Körper zu kommen. Oder nach mir zu schauen, mich zu pflegen. Selbstfürsorge im besten Sinn: liebevoll und achtsam mit sich umgehen, sich etwas gönnen können, genießen können. Ich höre schon die Kommentare: »Die Frau hat keine Ahnung, das hat doch nichts mit Sexualität zu tun.« Ich glaube schon. Ich kann auch gerne andersherum argumentieren, quasi für diejenigen, die Sexualität mit Geschlechtsverkehr gleichsetzen: Das ist die höchste Form der Vereinigung. Die intensivste Form, sich und den/die Partner:in zu spüren. Hingabe. Loslassen. In etwas Größerem aufgehen. Sich verletzlich zeigen. Sich öffnen. Sich nackt zeigen, mit allem Schönen und allen Makeln. Sich selbst schenken. Wenn ich diese Gedanken aufgreife, dann mag Sex der unmittelbarste Weg sein, diesen Erfahrungen und Gefühlen Raum zu geben – aber nicht der einzige.

Wie beziehen Sie das konkret auf Ihre gewählte Lebensform?

In der gewählten Form der Ehelosigkeit und damit im Verzicht auf einen Partner, eine Partnerin stelle ich mir die Frage: Wem kann ich mich verletzlich zeigen? Wie pflege ich meine Freundschaften? Was gibt es in meinem Leben, dem ich mich ganz hineingebe, darin aufgehe, mich selbst schenke? Lasse ich andere an mich heran? Oder verschließe ich mich? Das mag »verspiritualisiert« klingen. Wenn ich mich diesen Fragen aber ernsthaft stelle, dann ist das ganz schön viel Arbeit im täglichen Miteinander.

»Als Ordensfrau lebe ich meine Sexualität auch ohne Sex zu haben. Man kann auch fruchtbar leben ohne Sex.« Mit dieser Aussage haben Sie bei der ersten Versammlung des Synodalen Weges als Delegierte von sich Reden gemacht. Warum war sie notwendig?

Ich kann mich sehr gut daran erinnern, weil mich das so aufgeregt hat. In einem Papier der Synodalen Vorforen war ständig die Rede von Fruchtbarkeit im Zusammenhang mit Geschlechtsverkehr. Da habe ich mir gedacht: Einerseits wird betont, dass das etwas so Besonderes ist und deshalb nur in der Ehe passieren soll, und dann wird es reduziert aufs Nachkommen-Zeugen. So könnte ich auch über Hamster reden, die machen das auch. Ich mag als Synonym für Fruchtbarkeit den Begriff »Leben ermöglichen und weitergeben«. Da fühle ich mich nah am Evangelium, an dem, was Jesus lebt. Im wahrsten Sinn Lebensräume zu ermöglichen und die Menschen in ihre Verantwortung zu entlassen.

Es geht um mehr ...

Ja. Da gehört für mich der Begriff Keuschheit aus den »evangelischen Räten« hin. Das ist für mich nicht zuerst eine biologische Enthaltsamkeit, sondern Klarheit, Unverzwecktheit, Aufrichtigkeit. Wenn ich eine keusche Beziehung habe, sagt das noch nichts darüber aus, ob ich mit dieser Person Sex habe, sondern vielmehr darüber, in welcher Haltung ich die Beziehung gestalte. Sexualität ist mehr als Sex. Weil es sonst im Umkehrschluss heißen würde, dass ich als Ordensfrau in einer ehelosen Lebensform keine Sexualität hätte, weil ich keinen Sex habe. Ohne es überspiritualisieren zu wollen: Wir Menschen sind dazu geschaffen, Leben weiterzuschenken, Leben zu ermöglichen. Und das kann ich auf vielfältige Art. Dieses Verständnis von Fruchtbarkeit gehört für mich ganz klar zur Sexualität.

Hat sich die Kirche bei Fragen der Sexualität aus den Betten im Mehrfamilienhaus und Kloster rauszuhalten?

Ich unterscheide zwischen Inhalt und Methode. Es ist inhaltlich Aufgabe von Religionen, Orientierung zu geben – und dann die Menschen in ihre Verantwortung zu entlassen. Sexualität ist eine Kultur der Zärtlichkeit, das hat viel damit zu tun, ein leibhaftiger Mensch zu sein. Ich möchte schon gerne, dass die Methode, wie ich das gestalte, mir selbst überlassen wird. Dass man mir zutraut, dass ich verantwortungsvoll bin. Und dass mir von Kirche auch positiv unterstellt wird, dass ich das Leben im Sinn habe. Ich glaube, dass die Lehre der Kirche in den Generationen vor mir sehr viel Schaden angerichtet hat. Vor allem wegen der Angst, mit der gehandelt wurde. Die Kirche lehrt schon lange mit einem System der Angst. Ich frage mich oft, was für ein Menschenbild dort eigentlich vorherrscht. Von einem mündigen Menschen scheint man nicht auszugehen. Von klein auf bekommen wir erzählt, dass wir Heiligen Geist in uns tragen, dass wir auf Gottes Stimme hören sollen, dass wir wählen sollen, was dem Leben dient. Und wenn wir es dann tun, heißt es: Ja, aber das steht nicht im Katechismus.

Aus welchen spirituellen Quellen schöpfen Sie bei Ihren Gedanken?

Für mich ist die Begegnung Jesu mit der sogenannten Ehebrecherin leitend. Alle gehen, sie bleibt stehen und hört so die Worte Jesu: »Ich verurteile dich nicht.« Das ist für mich ein Gottesname – der urteilsfreie Raum. Diesen Raum brauche ich, damit ich zu mir stehen kann mit meinen Möglichkeiten und Begrenzungen. In diesem Raum kann sich Leben entfalten. Wo ich auf schrägen Wegen unterwegs bin, kann Korrektur und Wandlung möglich werden. Jesus sagte der Frau zwar: »Tu es nicht mehr«, aber ich bin überzeugt davon, wäre sie wieder vor Jesus gezerrt worden, hätte er sie wieder nicht verurteilt. Wandlung braucht Raum, Angenommensein und einen liebevollen, nicht verurteilenden Blick. Angst macht eng und hindert das Leben. Um es auf die Sexualität zu beziehen: Sie ist eine Lebenskraft, Teil meiner Identität. Ich brauche eine wohlwollende Atmosphäre, um zu reifen und zu wachsen, lebensförderliche Beziehungen (z. B. Freundschaften), nicht eine ängstliche Verbotsrhetorik.

Die Veränderungen in der Kirche wurden auch durch den Skandal des sexuellen Missbrauchs in Gang gebracht. Begünstigt der Zölibat Missbrauch?

Ich glaube, das Tabuisieren hat den Missbrauch begünstigt, zudem, dass man nicht »gescheit« drüber redet, und das Wegschauen. Wenn man einfach »beschließt«, dass man keinen Sex hat oder dass das Thema keine Rolle spielt, fällt einem das irgendwann auf die Füße – denn Sexualität gehört zum Menschsein dazu. Es ist wichtig, sich mit der eigenen Sexualität auseinanderzusetzen und eine reife Sexualität zu entwickeln – ob man zölibatär lebt oder nicht. Ich glaube nicht, dass der Zölibat Schuld ist am Missbrauch, sondern die unreife Sexualität.

Auch die Orden sind Orte für sexuellen und spirituellen Missbrauch. Sowohl aus der Opfer- wie auch aus der Täterperspektive. Was muss sich in diesem Kontext in den Orden ändern?

In Orden gehören ebenfalls mehr Transparenz, bessere Kommunikation und Kontrolle im besten Sinn zu den Hausaufgaben. Auch das Thema Sexualität braucht insgesamt mehr Resonanzboden und Sprachfähigkeit in den Orden. Hier wurde und wird das Thema wie in der Kirche totgeschwiegen. Und man darf nicht unterschätzen, dass insbesondere Frauenorden für eine bestimmte Generation auch Zuflucht waren, um dem Missbrauch zu Hause zu entgehen.

Bei der Zukunftsfrage der priesterlichen Lebensform wird intensiv über den Pflichtzölibat diskutiert. Dabei wird der Blick allerdings nicht auf Ordensleute gerichtet. Was meinen Sie, braucht es die Abschaffung der Zölibatsverpflichtung für Ordensleute?

Wer sich zum Dienst des Priesters berufen fühlt und diesen Beruf ergreift, »kauft« quasi die zölibatäre Lebensform mit. Wenn ich mich zum Ordensleben entscheide, wähle ich die Lebensform unabhängig von meinem Beruf. Und ich lebe sie nicht allein. Ich lebe in Gemeinschaft. Ich glaube, dass das ein Unterschied ist. Ich bin für die Abschaffung des Pflichtzölibats. Man sollte eher darüber nachdenken, wie man für Priester, die sich außer zu ihrem Beruf auch zur zölibatären Lebensform berufen fühlen, Formen der Verbundenheit und der Gemeinschaft schaffen kann. Ordensleben wiederum ohne

Zölibat ist nicht das Ordensleben im eigentlichen Sinn. Und es gibt bereits Möglichkeiten, sich als Verheiratete oder als Familie spirituellen Gemeinschaften anzuschließen.

Wir sprechen hier über viele Themen, die schon seit Jahrzehnten debattiert werden. Die Sprachunfähigkeit der Kirche wird aktuell besonders deutlich, wenn es um LGBTQ+-Personen und ihre queere Sexualität geht. Mir scheint, da ist dann Kirche oft heillos überfordert.

Ja, das könnte sein. Das ist aber auch eine selbstgemachte Überforderung. Hätte man sich früher damit beschäftigt, hätte man das mit der Gesellschaft mitlernen können. Ich glaube, das ist gerade für die Kirche eine Zeit der mächtigen Irritation. Und sie muss sich jetzt komplett neu ordnen. Ich finde, dass so eine Kompletterschütterung heilsam ist, weil man dann nicht anfängt, im Kleinklein irgendwelches Zeug zu basteln, also: da ein Tesastreifen hin und da was rumreparieren. Dann ist es halt komplett eingestürzt und man muss es neu und menschenfreundlicher aufbauen. Meine leise Hoffnung ist, dass wir genau das gerade erleben.

Auf den Frust an der Kirche haben Sie mit dem Satz reagiert: »Meine trotzige Hoffnung ist: Häuser werden von unten gebaut. Auch wenn die Mauern in der Kirche mich müde werden lassen.«

Meine Frustgeschichte in der Kirche ist genauso lang wie meine Engagementgeschichte. Seit ich denken kann, bin ich in der Kirche auf verschiedenen Ebenen engagiert. Und seit ich denken kann, renne ich gegen irgendwelche Mauern. Entweder, weil ich das falsche Geschlecht habe oder den falschen Beruf oder weil halt irgendein Pfarrer meint, dass ist jetzt doof. Ich habe mir da den Kopf wundgeschlagen in meiner Kirche. Ich erlebe das jetzt seit ca. 35 Jahren und warte auf Veränderungen von innen heraus. Das macht mich müde. Aber andererseits fängt man auch beim Hausbau nicht mit dem Dach an. Das Dach als Symbol für das »Oben« in der Kirche, die Amtskirche – weit weg von der Lebensrealität der Menschen.

Deshalb: Bauen tun wir alle. Und zwar von unten. Am Schluss kommt das Dach.

In Vierzehnheiligen, wo unser Mutterhaus steht, ist die berühmte Basilika von Balthasar Neumann. Der hat für den Kirchenbau einen sehr schlauen Grundriss entworfen. Dann ist er weitergereist, und als er zurückkam, stand schon ein Teil der Grundmauern. Nur, dass die Menschen das einfach anders gebaut hatten, als er es geplant hatte. Also musste der Architekt mit dem schon Gebauten umgehen. Abreißen ging nicht. Damit der Plan aufgeht, musste er den Weiterbau neu konzipieren, aber mit diesem Grundriss musste er arbeiten. Das ist für mich ein auch passendes Bild für die Kirche: Man braucht einen Plan, einen Grundriss. Aber es braucht ebenso die Bereitschaft, immer wieder auf Veränderungen zu reagieren. Mit den Menschen und für sie entwerfen, bauen, neu planen. Synodal eben.

Vorübergehend zu Hause

P. Manfred Kollig SSCC

1974 habe ich mein Noviziat begonnen und damit eine fast fünfzigjährige Geschichte als Ordenschrist. Es sind Jahrzehnte, die geprägt sind von Umbrüchen und Umdenken, von der Schließung einiger Kommunitäten, Versuchen von Neugründungen und vielen Diskussionen um den richtigen Weg in die Zukunft. Als ich eintrat, waren wir etwa 170 Mitbrüder in Deutschland, heute noch etwa 30. Selbst die Kommunität, deren Ort Kloster Arnstein (Bistum Limburg) uns in Deutschland den Namen gab, haben wir aufgelöst. Was trägt in solchen Ab- und Umbrüchen? Wie können solche Erfahrungen im Ordensleben auch für den Umgang mit Veränderungen der Kirche, mit denen sich der Synodale Weg auseinandersetzt, fruchtbar werden?

Es geht um Macht, Beziehung und Besitz

Die Themen des Synodalen Wegs treffen den Kern des christlichen Glaubens. Alle vier Foren suchen nach Orientierungen, die belegen müssen: Wie Christinnen und Christen mit Macht, Besitz und Beziehung umgehen, zeigt an, wie ernst sie die Nachfolge Jesu nehmen. An diesem Punkt kommt Menschen, die Christus in der Form des Ordenslebens nachfolgen, eine besondere Verantwortung zu. Ordensleute haben sich aufgrund ihrer Gelübde dazu verpflichtet, ihr Leben radikal an Jesus Christus auszurichten und ihre Macht so einzusetzen, die Beziehungen so zu gestalten und mit dem Besitz in einer Weise umzugehen, wie es das Evangelium idealerweise beschreibt und es Jesus selbst verwirklicht hat. Indem Menschen sich diesen Auftrag zu eigen machen, evangelisieren sie und tragen sie wesentlich zur Glaubwürdigkeit von Evangelisierungsprozessen bei.

Die materiellen und geistigen Güter zusammenzulegen, an den von Gott empfangenen Gaben gemeinsam teilzuhaben und die Beziehungen aus dem Geist zu gestalten, dass allen Menschen gleichermaßen die Gemeinschaft mit Gott angeboten wird und sie von ihm geliebt werden, ist der Anspruch des Ordenslebens. Hier geht es nicht um die eigene Haut, die persönliche Besitzstandwahrung und allzu menschliche Wünsche, sondern um den Blick auf sich selbst in der Beziehung zum anderen. Es geht darum, einander erfahren zu lassen, dass Gott uns Menschen selbst in der Todesangst am Kreuz nicht aus dem wohlwollenden, fürsorglichen und liebenden Blick verliert. Im Angesicht des eigenen Todes hat Jesus noch ein wegweisendes und liebendes Wort für seine Mutter und Johannes übrig. In seiner Ohnmacht teilt Jesus die Überreste seiner Macht, in seiner Armut den letzten Atemzug und in seiner Verlassenheit die letzten Augenblicke. Wenn es um die Reste geht, um die letzten Momente und die leisen Töne, dann bewahrheitet sich und bewährt sich das Ordensleben und wird zum Zeichen für die Christinnen und Christen in der Krise und für eine Kirche, die nach menschlichem Ermessen auf der Verliererstraße angekommen zu sein scheint. Ordensleute sind wichtig, wo Menschen wie auf dem Synodalen Weg nicht aus der Kirche austreten, sondern sich in Anlehnung an Alfred Delp und seine Betrachtungen über die Pfingstsequenz die Frage stellen: Ist nicht die Unfruchtbarkeit des Menschen und der Kirche Ausdruck der Gottferne?[1] Oder ist aber der Verlust nicht gerade ein Zeichen der Nähe zu Gott? Ist viel-

....

1 Alfred Delp, Aufzeichnungen aus dem Gefängnis, Freiburg i. B. 2019, S. 289.

leicht, wie es die Exegetin und Leiterin des Seelsorgeamtes des Bistums Erfurt, Anne Rademacher, sagt, die Bibel eine »Verliererliteratur«? Ausgehend von Daniel 3 und mit Blick auf die aktuellen Zeichen der Zeit in Kiew schreibt sie: Die Jünglinge im Feuerofen »sind vorerst unversehrt, aber weiter im Feuer mit ungewissem Ausgang. Bibel ist Verliererliteratur. Wir werden ihr gerecht, wenn wir sie im ehrlichen Anschauen unserer Wirklichkeit und der Verliereranteile in ihr hören, wenn wir an ihr Solidarität lernen.«[2] Ist, wie es Paulus sagt, Sterben Gewinn (Phil 1,21)? Letzteres ist nicht nur biblisch, sondern offenbar auch ein Zeichen unserer Zeit, wenn dazu aufgerufen wird, »Tod und Sterben sowie die Sorge für Sterbende und Trauernde als wertvoll anzusehen«[3].

Nicht gewinnorientiert, sondern umsonst

Oft hören wir, wie wichtig es sei, dass sich Menschen von ihrem Handeln, von Beteiligung an Prozessen und Aktionen einen Gewinn versprechen. Wenn sie sich einsetzen, wenn sie sich verändern sollen, wenn sie an Veränderungsprozessen an ihrem Arbeitsplatz, in der Kirche, im Verein oder in einer Partei beteiligt werden: Vorteile davon zu haben, etwas dabei zu gewinnen und den Verlust zu vermeiden, scheint die stärkste motivierende Kraft zu sein. Sich einzusetzen, wo es keinen persönlichen Gewinn zu erlangen gibt, ist aber gerade das, was die Urgemeinde im zweiten Kapitel der Apostelgeschichte auszeichnet und zum Wesen des Ordenslebens gehört.

Über dieses Verständnis des »Umsonst« im Sinn von »gratis« hinausgehend, ist eine weitere Dimension zu bedenken: Umsonst kann auch im Sinn von »vergeblich« verstanden und

....

2 Anne Rademacher, Handout zur Videokonferenz in der Reihe „Das Buch Daniel lesen" am 08.03.2022 zum Thema „Krise kriegen - Hoffnung behalten".

3 Barbara Tambour, Den Tod zurück ins Leben holen, in: Publik-Forum, Heft 4 (2022), 49. B. Tambour setzt sich in diesem Beitrag mit dem Buch von Atul Gawande, Sterblich sein. Was am Ende wirklich zählt (S. Fischer, 2017) auseinander.

gebraucht werden. In seiner Abschiedsvorlesung hat der Erfurter Professor für Fundamentaltheologie und Religionswissenschaft Michael Gabel dies umfänglich dargestellt. Er greift dazu sowohl aktuelle Ereignisse wie die Corona-Pandemie und die Flutkatastrophe 2021 auf als auch die Reflexion von Philosophen und Theologen wie Platon und Aristoteles, Augustinus und Thomas v. Aquin.[4] Aktuell kann sicher auch der Krieg zwischen Russland und der Ukraine – wie alle Erfahrungen mit brutaler Zerstörung von mühsam Aufgebautem und Heimat – den Eindruck der Vergeblichkeit menschlichen Tuns verstärken.

Ordensleute haben sich für einen Lebensentwurf entschieden, der möglichst frei sein soll von persönlichem Profit- und Gewinndenken. Zugleich lassen sie sich von einer Hoffnung leiten, die stets stärker ist als alle Angst vor der Vergeblichkeit. Und dies, weil Gott der Grund aller Hoffnung und deren Erfüller ist und er selbst immer als größer geglaubt wird. Der Glaube daran, dass Gott immer größer ist (Ignatius von Loyola), spendet die Kraft, ihm zu vertrauen, selbst wenn die Wirklichkeit keinen bleibenden Gewinn verspricht und das eigene, durchaus sinnvolle Tun vergeblich zu sein scheint. Dies ist auch die Grundlage dafür, in der Begleitung und Beratung von Menschen diesen um jeden Preis ihre Freiheit zu lassen, statt sie zu bevormunden, zu manipulieren und zu Entscheidungen oder zu einem Verhalten zu drängen.[5]

Sakrament sein statt Image aufpolieren

Wo messbare Erfolge ausbleiben und das Image von Ordensgemeinschaften wie der Kirche insgesamt beschädigt wird,

4   Michael Gabel, Umsonst. Gedanken zu einer Hermeneutik der Hoffnung, in: ThG 64 (4/2021), 289–301.

5   Manfred Kollig, Freiheit als Paradigma Geistlicher Begleitung, in: Herder Thema, Gefährliche Seelenführer, Geistiger und Geistlicher Missbrauch, Freiburg i. B. 2021, S. 59–61.

ist die Versuchung groß, am eigenen Image zu arbeiten. Notsituationen wie beispielsweise die Flutkatastrophe in Teilen von Rheinland-Pfalz und Nordrhein-Westfalen, der Krieg zwischen Russland und der Ukraine und der Umgang mit dem sexuellen Missbrauch in der Katholischen Kirche können benutzt werden, das Image der eigenen Institution aufbessern zu wollen. Dann leitet vielleicht das Motto: Schaut her, wir sind die Ersten, die helfen. Oder: Wir sind gar nicht so schlimm, wie uns nachgesagt wird. Ordensleute sollten gerade an diesem Punkt aufgrund ihrer Lebensform besonders wachsam sein und ermahnen. Die wahre Liebe ist nicht marktschreierisch unterwegs. Der Spruch: »Tue Gutes und sprich darüber« darf nicht dazu führen, dass am Ende nichts Gutes mehr übrig bleibt, weil an jedem Tun der Makel des Kalküls und der Blick auf die Vorteile für die eigenen Interessen, seien sie persönlich oder institutionell, wie ein Preisschild hängt. Konsequenterweise ginge dann das eigentliche Ziel des Tuns verloren: nämlich Menschen, die von jedweder Art von Leid gequält werden, zu unterstützen und ihr Leiden zu lindern. Ein Teil des Missbrauchsskandals besteht gerade darin, dass Verantwortungsträger zu sehr vom Image her gedacht und gehandelt haben und nicht aus dem Anspruch, Sakrament sein zu sollen und Christus in dieser Welt darzustellen helfen.

Ordensleute müssen auch im Rahmen des Synodalen Wegs darauf insistieren, dass es bei allen Reformen um die Sakramentalität der Kirche geht. Dahinter steht die Frage: Wie können wir besser den Menschen zusagen, dass Gott sie mit ihrer ganzen Wirklichkeit annimmt? Wie können wir sie erfahren lassen, dass Gott das tägliche Leben unterstützen und nähren will? Wie können wir besser bezeugen, dass wir glauben, dass jeder Mensch von Gott Geistesgaben empfangen hat? Wie können wir deutlicher verkünden, dass wir ganz in der Welt leben, solidarisch mit den Menschen und der ganzen Schöpfung, und gleichzeitig den Blick für den Himmel offenhalten, der weiter ist als die Welt? So verstandene Sakramentalität ist nur denkbar, wenn Menschen glauben und in ihrem Leben zulassen: »Nicht mehr ich lebe, sondern Christus lebt in mir« (Gal 2,20). So wichtig Aktionen, Kampagnen und die Außendarstellung sein mögen: Sie können und dürfen nicht das Sakramentale verstellen oder unterdrücken. Es geht zuallererst und zuallerletzt um die Darstellung Gottes und nachrangig um das Image der Kirche. Es geht um das Wirken und die Wirksamkeit Gottes in dieser Welt. Er ist größer, auch als die Kirche. Von ihm können wir uns kein umfassendes Bild machen. Imagepflege der Kirche, an deren Wert ich persönlich meine starken Zweifel habe, sollte aber, wenn man sie denn betreiben will, die größere Größe Gottes auf jeden Fall zum Teil des kirchlichen Images machen.

Nicht eskalieren, sondern Positionen mäßigen

Wenn ich an die zahlreichen Provinz- und Generalkapitel sowie andere Konferenzen im Rahmen meines Ordenslebens zurückdenke, dann fallen mir auch einige sehr kontroverse Diskussionen ein. Ich erinnere mich an den Streit über das Wesen des Ordenslebens in der Gegenwart, über die Weiterentwicklung des Charismas unserer Gründerin und unseres Gründers, über die zeitgemäßen Aufgaben, die Werke, die beste Schule etc. Im Laufe der Jahrzehnte haben wir immer besser gelernt, Gegensätze auszuhalten und auch unbearbeitet ruhen zu lassen. In einer Gemeinschaft trotz Meinungsverschiedenheiten zusammenzubleiben, gelingt in dem Maß, in dem ihre Mitglieder bereit sind, einen Schritt aufeinander zuzugehen und Differenzen temporär stehen zu lassen.[6]

Nicht übersehen werden darf bei aller Berechtigung, die Bereitschaft zur Annäherung auch auf dem Synodalen Weg an-

....

6 Vgl. zu diesem Thema aus der Erfahrung des Dominikanerordens Ulrich Engel, Leitung auf Zeit – Leitung durch Wahl, in: Valentin Dessoy, Ursula Hahmann, Gundo Lames (Hrsg.): Macht und Kirche, Würzburg 2021, S. 272-287.

zumahnen und einzufordern, dass über Jahrzehnte in der Kirche Menschen seitens der Verantwortungsträger eben dieses deeskalierende Verhalten nicht erfahren haben, sondern stattdessen ein Klima, das Angst vor Denunziation, ungerechten Sanktionen und Geheimnistuerei geschaffen und gefördert hat. Dies erklärt auch die Wucht der Emotionen, die auf dem Synodalen Weg erfahren werden. Obwohl es sich bei dem Buch von Navid Kermani, »Jeder soll von da, wo er ist, einen Schritt näher kommen« (2022) um ein Jugendbuch handelt, das er für seine Tochter geschrieben hat, weist es interessante Aspekte auf für den Synodalen Weg. Der Tod des Großvaters und der Verweis auf die Sure 57, Vers 20 ist Anlass für dieses Buch. Für den Muslim Kermani ist nicht nur der Glaube, dass Gott stets größer ist, leitend. Auch die Überzeugung, dass die Religionen Judentum, Christentum und Islam die Verantwortung und das Potenzial haben, in dieser Welt sich anzunähern, prägt dieses Buch.

Frei von Illusion und stark in der Hoffnung

Kontroversen, die verbittert ausgetragen werden, und die Fixierung auf das Image hängen oft mit der Illusion zusammen, es sei alles besser als es scheine oder es könne mit den richtigen Meinungen schnell besser werden. Die Wirklichkeit verdrängen, von Durststrecken reden, wo es sich eher um einen Durststrahl handelt – kennen wir doch bestenfalls den Anfang, aber nicht den Endpunkt –, mag visionär erscheinen, ist aber illusionär. Im Provinzkapitel 2018 meiner Gemeinschaft habe ich erlebt, dass die Mitbrüder, die meisten von ihnen älter als siebzig Jahre, sich für den Grundlagentext mit der Schriftstelle auseinandersetzten: »Seid stets bereit, jedem Rede und Antwort zu stehen, der von euch Rechenschaft fordert über die Hoffnung, die euch erfüllt« (1 Petr 3,15). Es war beeindruckend, dass wir gemeinsam am Ende des Textes zitierten, was wir in jeder Eucharistiefeier bekennen: »Deinen Tod, o Herr, verkünden wir, und deine Auferstehung preisen wir, bis du kommst in Herrlichkeit.« Und noch beeindruckender war, dass wir daraus folgerten: »So dürfen wir mit der Distanz zu uns selbst, die aus dieser Hoffnung erwächst, bekennen: Wir durften noch nie so glücklich sein wie heute. Denn wir waren noch nie so nahe an diesem Glück wie heute.« Solche Hoffnung ist im wahrsten Sinne des Wortes zielführend. Die Regionalbischöfin der evangelisch-lutherischen Landeskirche Hannovers Petra Bahr führt bei den Gründen, die sie in der Kirche bleiben lassen, unter anderen an: »Aber am Ende ist die Kirche als die Verbindung aller Getauften – auch jenseits meiner Konfession – mein Netz, mein doppelter Boden, mein Sprungtuch aus der Endlichkeit und der Selbstbegrenzung.«[7]

Hoffnung aber ist nicht nur jenseitsgerichtet. Diese Hoffnung trägt wesentlich dazu bei, sich nie mit der Wirklichkeit zufriedenzugeben – auch nicht mit der vergangenen, gegenwärtigen oder zukünftigen Gestalt einer Gemeinschaft oder der Kirche insgesamt. In dem Glauben an den Gott, der stets größer ist, steckt die Hoffnung, dass die irdische Wirklichkeit nie eine endgültige sein kann. Vorübergehend zu Hause können wir sein, aber vor dem Sterben nicht endgültig beheimatet (Vgl. Phil 3,20).

In dem Leitwort für das Heilige Jahr 2025 »Pilger der Hoffnung« steckt genau dieser Aspekt. Wir sind nicht Besitzer der Hoffnung, nicht Herren oder Beherrscher der Hoffnung. Nicht das Wappen am Thron, sondern der Pilgerstab zeichnet den Menschen aus, der mit dieser Hoffnung unterwegs ist. Einige Aspekte des Ordenslebens können diese permanente Vorläufigkeit des Hoffenden deutlich machen, die nur stichwortartig benannt werden können: Vertraut sein mit der Welt und gleichzeitig in ihr fremd bleiben; befreundet sein mit Menschen, aber nicht verheiratet; verbindlich sein, aber nicht verbandelt und angebunden; gehorsam sein und zugleich frei;

....

7 Petra Bahr, Warum bist du noch in diesem Laden, in: Christ und Welt, Beilage zu Die Zeit vom 10.02.2022, S. 4.

zuverlässig sein und zugleich unverkrampft; im Bewusstsein leben, dass es um viel gehen mag, aber nicht um alles. Wer in der Hoffnung lebt, lebt in dem Vertrauen: Es gibt keinen Grund zu hetzen, als sei es fünf vor zwölf; es gibt keinen Grund, frustriert zu sein, als sei es fünf nach zwölf.

Beim Provinzkapitel 2021 haben wir in Anlehnung an unser Bekenntnis zur Hoffnung drei Aspekte für den Grundlagentext aufgegriffen: Vertrauen, sich trauen und treu sein. Aus dem Vertrauen auf den Gott, der nie am Ende ist, können wir uns trauen, weiterzugehen, teils auf unbekannten Pfaden. Weil Gott treu ist, können wir auch in der Gemeinschaft treu sein und die Wirklichkeit mit ihrem – aus menschlicher Perspektive – Gelingen und Scheitern gemeinsam annehmen.

Zu guter Letzt

Was Ordensleute auf dem Synodalen Weg einbringen können, ist hier nur exemplarisch dargestellt. Auf den Punkt gebracht, ist es die Einsicht und die Überzeugung, die Alfred Delp ebenfalls in seiner Betrachtung der Pfingstsequenz in die Worte fasst: »Es ist nichts mit dem Menschen ohne Gott. Man ist manchmal versucht zu sagen: Es ist überhaupt nichts mit dem Menschen.«[8] Dabei kann Delp nicht unterstellt werden, er habe die Welt und das Diesseits geringgeachtet und sich nur auf das Jenseits und den Himmel konzentriert. Sein Leben bezeugt seine Liebe zur Welt. Schließlich setzte er sich im Kreisauer Kreis dafür ein, über die Gestaltung der Welt nach Hitler nachzudenken und sie zu planen.

Wer Christus im Ordensleben nachfolgt:

– wird wie Mary Ward, die unter der »römischen Kirche« gelitten und Unrecht erfahren hat, bekennen: »Nach der Gnade sind Humor und Lachen das Beste, was wir haben.«

....

8   Alfred Delp, Aufzeichnungen aus dem Gefängnis, Freiburg i. B. 2019, S. 281.

– wird wie Damian De Veuster, der zu den Aussätzigen auf die Insel Molokai gegangen ist, in dieser Welt keine Ruhe finden, bis er ganz bei den Menschen angekommen ist und sagen kann: »Wir Aussätzige.«

Bei alledem wird er wie Alfred Delp davon überzeugt sein: »Vertrauen, vertrauen, vertrauen! In vielem denkt Christus genau umgekehrt wie ich.«[9] Und gleichzeitig: »Überzeugt sein, dass Gott mir gut will.«[10] Überzeugt sein, dass Gott uns und allen gut will – im irdischen Leben und über den Tod hinaus. Das sind gute Aussichten auf dem Synodalen Weg und für die Zukunft der Kirche.

9   Tagebuch vom 23.10.1939, S. 254.

10   Tagebuch vom 2.11.1939, S. 260.

Die Kirche muss zu ihrer Synodalität zurück

Sr. Bettina Rupp SSpS
im Gespräch mit Kerstin Leitschuh

Mitten in der Fritz-Kissel-Siedlung – einer Wohnsiedlung aus den 1950er-Jahren in Frankfurt-Sachsenhausen – steht die Kirche Sankt Aposteln. Davor eine geschlossene Pommesbude: »Meet'n Frites – Schwesternpommes wollen mit Dir ... lachen/dippen.« Ich betrete die tagsüber offene Kirche, mir fallen als erstes Biertischgarnituren auf. Sie sind unter der Orgelempore aufgebaut und mit schwarzem Stoff bezogen. Mein Blick geht hinauf zur Orgel und bleibt an den vielen Stangen voller gut erhaltener Kleidung hängen: Hier findet jeden Freitag und Mittwoch das Kleidercafé statt. Shoppen, plaudern, Kaffeetrinken. In der ehemaligen Seitenkapelle rechts steht ein Kühlschrank: »Open fridge – ein Foodsharing-Projekt«. Jeder kann Lebensmittel hineinlegen und etwas herausnehmen. Durch die Sakristei gelange ich in die angrenzenden Gemeinderäume: Hier stehen Hotelklappbetten, im Keller sind Sanitäranlagen und aus einfachen Brettern erstellte und abschließbare Schränke. Frauen, die akut in Not geraten sind, finden dort einen Schutzraum. Eine kleine internationale Kommunität von Steyler Missionarinnen betreut diese Kirche. Gebetszeiten und Gottesdienste, aber auch ein regelmäßiges Kirchenkino finden ebenso statt. Sr. Bettina Rupp SSpS ist Sozialarbeiterin und im Rahmen der Sozialpastoral der Pfarrei St. Bonifatius Hauptverantwortliche für die Projekte.

*Sie sind Sozialarbeiterin und engagieren sich in der Sozial-
pastoral mit ihrer Kommunität der Steyler Missionsschwestern
in Frankfurt ganz konkret im Schutzraum für Frauen, im
Kleidercafé, in der Pommesbude und »bei allem, was Spaß
macht«, sagen sie. Kirche wirkt oft eher nicht so, dass sie
Spaß macht ...*

Kirche hat von ihrem Ursprung her etwas mit »Leben in Fülle« zu tun. Sie soll ermöglichen, dass ich das leidenschaftlich
leben kann, was in mir grundgelegt ist. Ich glaube, Kirche
sollte einfach etwas mit dem Leben zu tun haben. Ich wünsche mir eine Kirche, die in schwierigen Lebenssituationen
begleitet, aber nicht moralisiert, nicht ausschließt, sondern
einschließt. Eine Kirche, die mit der Botschaft der Hoffnung
begleitend zur Seite steht.

*»Meet'n Frites – Schwesternpommes« steht dick und in
leuchtendem Ketchup-Rot auf dem Pommesbudenwagen, der
genau vor der Kirche platziert ist. Wie findet hier Kirche statt?*

Die Pommesbude ist ein Kommunikationstor. Wir kommen
dadurch mit Menschen ins Gespräch und bringen sie über Essen und Trinken untereinander ins Gespräch. Kirche ist für
mich dort, wo die Menschen sind, weil Gott zutiefst in jedem
Menschen wirkt. Kirche ist nicht per se ein Raum. Trotzdem
ist der Kirchenraum wichtig, weil er uns konzentriert und
eine Möglichkeit gibt, unserer eigenen Spiritualität und unserer eigenen Sehnsucht Raum zu geben.

*Sie glauben als missionarische Ordenschristin an die Wirklichkeit
und Wirksamkeit Gottes in seiner Welt, in jedem Stadtteil,
letztlich in jedem Menschen. Ist der Weg der Kirche ein Weg in die
Stadtteile?*

Ja und nein. Ich glaube, Kirche spielt sich überall ab. Wir laden
hier auch in den Kirchraum ein: zu Gottesdiensten und Gebe-
ten, zu Kleidercafé und Kirchenkino. Kirche muss Suchende
und Fragende sein. Nicht nur wir als Kirche bringen eine Er-

fahrung von Gott mit. Er ist auch schon längst beim anderen da. Und die andere Person bringt ebenfalls eine Wirksamkeit Gottes mit. Gemeinsam in den Begegnungen sind wir Fragende und Suchende: Wie offenbart sich Christus heute?

Sie sind zu einem großen Teil mit Ihren Angeboten karitativ-diakonisch ausgerichtet. Muss Kirche wieder mehr diakonisch werden?

Ich persönlich glaube, dass Kirche ihrer Sendung treu bleiben muss. Und diese Sendung ist der Mensch selbst. Je mehr die Kirche Mensch wird, umso mehr wird sie sich entfalten. Nach meinem Verständnis des Evangeliums ist es immer wieder der Mensch, der ausgegrenzt ist, der arm ist – er wird in die Mitte gestellt. Es sind diese, die uns zeigen können, wo es an der Fülle des Lebens fehlt. Sie machen uns ein Tor auf und nehmen uns ein Stückchen mit. Sie sind nicht nur Objekte unseres karitativen Handelns, sondern durch sie spricht ein Ruf oder ein Schrei. Dadurch hören wir Gott.

Ist das der Weg der Kirche? Hin zu den Rändern, dort, wo die Kirche »Beulen« hat, wie es Papst Franziskus sagt?

Es geht nicht nur darum, aus den Gebäuden hinauszugehen. Die Gebäude sind aber ein Teil, der allen gehört, und er muss auch allen zur Verfügung gestellt werden: Als Ort der Sinnsuche, als Ort der Gotteserfahrung, als Ort des Rückzugs, auch als Ort des Schutzes. Unsere Kirche muss mehr in der Wirklichkeit ankommen, zu der sie sich gesendet fühlt.

Sie sind als Sozialarbeiterin jeden Tag mit Menschen am Rand der Gesellschaft in Kontakt. Diese stehen in der Botschaft Jesu in der Mitte. Mit diesem Hintergrund sind Sie Teil der Synodalversammlung.

Einerseits fühlen wir uns zu sehr vielen Menschen gesandt, um ihnen zu helfen, ihnen Leben und eine bessere Zukunft zu ermöglichen. Beim Synodalen Weg stellen wir noch einmal mehr fest, wie viele wir eigentlich in unserer Kirche mit ihren Wirklichkeiten ausschließen. Ich glaube, dass dort, wo Begegnung stattfindet, kein Ausschluss mehr stattfinden kann. Das ist für mich der Weg der Erneuerung. Nicht ich lasse jemanden zu, sondern ich sitze mit den anderen gemeinsam am Tisch – sie lassen mich ja auch zu. Alles andere ist arrogant.

In einem Beitrag zum Synodalen Weg schreiben Sie: »Ich wünsche mir eine Kirche, die Pluralität als einheitsstiftendes Merkmal sehen kann.« Sie leben in Ihrer Kommunität international, mit und ohne Ordensgewand. Kann Kirche von den Orden Pluralität lernen?

Pluralität ist für uns eine Herausforderung, ein Korrektiv und Prophetie. Wo das Recht des einen anfängt, hört die Freiheit der anderen auf. Wir müssen uns das im Kleinen erringen, sehen aber in der gemeinsamen Sendung einen Sinn darin.

Sie leben und arbeiten in Frankfurt, in der Banken- und Geldmetropole. Ein Bistum, das auch durch die luxuriöse Badewanne eines Bischofs in die Schlagzeilen geraten ist. Wird die Kirche in Zukunft ärmer werden und vielleicht sogar ärmer werden müssen, um wieder attraktiv zu sein? Oder muss das viele Geld nur anders genutzt werden?

Die Botschaft des Evangeliums ist absolut attraktiv, weil sie lebensbejahend ist. Die Frage ist, ob und wie die Kirche diese Attraktivität in ihrem Gewand vermittelt. Reichtum ist per se nicht schlecht. Schlecht ist nur, wenn er nicht allen zur Verfügung steht. Im Orden teilen wir miteinander, was wir haben. Wir besitzen, sind aber nicht Eigentümer. Was uns zur Verfügung steht, steht dem Dienst zur Verfügung. Es ist wichtig, dass die Kirche ihr Geld für den Menschen einsetzt. Da geht es z. B. auch um eine Ästhetik der Kirchen oder um Teilhabe an der Schönheit der Welt. Menschen, die nicht am Leben teilnehmen können, werden »gesund«, wenn sie wieder dazugehören können.

Über zwanzig Jahre haben Sie »Missionar:innen auf Zeit« begleitet. Ist das ein Zukunftsmodell in einer Gesellschaft, die

*immer projektorientierter funktioniert: sich für eine bestimmte
Zeit einem Orden anzuschließen und dann wieder zu gehen?
Kirche nicht für immer und ewig, sondern für ein konkretes
Projekt und dann etwas anderes tun?*

Bei den Missionar:innen auf Zeit inspirieren wir uns im Gehen
gegenseitig: Die jungen Leute inspirieren uns und wir sie, und
dann gehen wir unsere jeweiligen Wege weiter. Manchmal
kreuzen sie sich noch einmal, manche engagieren sich bei uns
regelmäßig. Wir sind alle dann ein Schrittchen weitergekom-
men. Diese Bewegung ist für die Kirche enorm wichtig. Darin implementiert ist aber auch der alte Begriff der Treue: dass
ich dem treu bin, was zutiefst meiner Berufung entspricht.
Das kann sich in lebenslanger Bindung – wie z. B. im Ordensleben – ausdrücken. Oder wie bei den jungen Leuten in einer
Weggefährtenschaft, die sich nach ein paar Jahren verändert.
Gleich ist die Treue zu dem, wohin der eigene Weg geht. Ich
glaube, es braucht diese Beständigkeit. Aber die braucht es in
allen Lebensbezügen, weil darin und auch in der Alltäglichkeit
und vielleicht Langeweile Kreativität und Tiefgang entstehen.
Das Projekt »Missionar:innen auf Zeit« eröffnet neue Horizonte, von denen neue Impulse ausgehen, die man in den eigenen
Lebensvollzug mitnimmt. Kirche muss einerseits immer etwas Beständiges haben, das aber viel tiefer liegt als ihre Formen. Es liegt in der Zusage des Gottesnamens »Ich bin da«.
Andererseits müssen wir mutiger sein, dass die Welt und die
Kirche viel bunter sein dürfen. Das, was ich nicht lebe, muss
nicht beängstigend für mich sein.

*Steyler Missionsschwestern sind »Dienerinnen des Heiligen
Geistes«. Wie kann und wo muss die Kirche wieder mehr Dienerin
des Heiligen Geistes als Dienerin von Verwaltung, Strukturen und
Dogmen sein?*

Ich finde es toll, Dienerin des Heiligen Geistes zu sein. Wir beginnen unser Morgengebet, indem wir um den Heiligen Geist
bitten. In der Kirche gibt es das auch: Bei wichtigen Ereignis-

sen steht immer die Bitte um den Heiligen Geist am Anfang. Diese Bitte setzt mein eigenes Handeln und meinen eigenen Schritt in den Tag zunächst zurück und richtet mich auf das Vertrauen aus, das ein anderer wirkt. Das ist eine Veränderung. Wenn Kirche mehr diesem Geist vertraut, dann weiß sie, dass der Tag anders enden kann, als er begonnen hat. Dann richtet man sich nicht ein, sondern man richtet sich daraufhin aus, dass Veränderung entsteht. Damit ist man schon darauf eingestellt. Es wird immer Strukturen brauchen, weil wir Vereinfachungen in unserem Handeln benötigen. Aber jede Struktur ist ein Hilfskonstrukt, um die Wirklichkeit so herunterzubrechen, dass ich sie gut leben kann. Für die Kirche heißt das, dass sie mit den Menschen dienend unterwegs sein kann. Jedes Mal, wenn die Struktur nicht mehr dem Menschen dient, dann wirkt schon der Heilige Geist: Sie muss verändert werden.

Das »nicht einrichten, sondern ausrichten« hat etwas mit einer veränderten Haltung zu tun, mit Erwarten- und Zutrauen-Können.

Ja, Kirche kann da aus ihren Traditionen schöpfen. Das Kirchenjahr hat einen solchen Tiefgang. Wenn die Kirche diesen Tiefgang in ihrem Handeln und ihren Strukturen zulässt, dann ist sie durchlässig. Adventszeit, Fastenzeit, Weihnachten, Ostern, Pfingsten und so vieles mehr – die Kirche hat eigentlich einen reichen Schatz an Spiritualität, aus dem sie schöpfen kann, um mutig und gelassen nach vorne zu gehen. Es darf alles an mich heran, weil in allem eine Möglichkeit steckt, dass Gott darin wirkt.

Die Geschichte des Christentums ist immer eine Geschichte der Erneuerung. Oft sind diese Erneuerungen von den Orden getragen worden. Sie haben auf eine Krise reagiert und sich neu erfunden. Wie können die Orden der Kirche oder den Kirchen vor Ort »Nachhilfe« dabei geben?

Indem Ordensgemeinschaften immer wieder versuchen, ihr Erbe zu verheutigen, können sie der Kirche Mut machen, in ihrer Sendung im Jetzt anzukommen. Orden versuchen sich in ihrer Arbeit immer wieder zu fragen: Was ist unsere Sendung hier am Ort? Auch als Gesamtorden: Was sagt uns der Heilige Geist heute? Was ist neu? Der Heilige Geist bewirkt Neues. Wir können als Kirche darauf vertrauen, dass wir uns erneuern dürfen.

Das meint: mehr hören, als Aktionismus zu betreiben?

Vielleicht mehr Transformation: diesem Wandel zutiefst vertrauen zu dürfen, dass sich etwas verändern darf und dass ich etwas verändern muss. Nur so bleibe ich am Leben. Gott hat für uns schon eine Zukunft. Wir müssen von dieser her denken, die wir von Gott erwarten, nicht zu sehr von der Gegenwart oder Vergangenheit. Wenn man die aktuelle Theorie des sogenannten »U-Movements der Transformation« anschaut, dann geht man dabei davon aus, dass es eine Zukunft gibt, die auf uns wartet. Von dieser Zukunft müssen wir uns inspirieren lassen, unsere Gegenwart anzuschauen, sie wieder loszulassen und der neuen entgegenzugehen. Diese Transformation müssen Orden immer wieder durchlaufen. Das muss Kirche auch.

Ordensgemeinschaften werden durch ihre Spiritualität gestärkt. Diese ist auch Kraftquelle für die einzelnen Ordensangehörigen und ihren Dienst. Wie kann Kirche in ihren Traditionen wieder heutiger und spiritueller werden?

Ich glaube, dass Kirche ein hohes Gut an Spiritualität und viele Formen hat, die Menschen helfen, ihr Leben ausgerichteter zu leben. Das ist ein riesiger Schatz. Mit dem könnte man viel mehr wuchern, ihn nicht zurückhalten, sondern ihn anbieten.

So, wie Sie es hier auch machen: Nach dem Kleidercafé wird zum Gebet eingeladen. Wer will, kann bleiben, keiner muss bleiben. Sie bieten da eine große Freiheit.

Ja, der Mensch lebt nicht vom Brot allein. Viele suchen danach. Es ist so schade, wenn Kirche durch ihre Struktur und durch das, was sie unglaubwürdig macht, das zudeckt, was ihr Reichtum ist: Menschen Wege zu Gott zu erschließen.

Bei der Frage nach Ämtern in der Kirche sagen Sie: »Wir müssen weg von der Frage, ob Männer oder Frauen die besseren Amts- oder Entscheidungsträger sind. Viel wichtiger ist es doch zu fragen, wer passt zu einem Amt, wer kann diese Funktion am besten ausüben? Es ist die Frage der Berufung. Das Geschlecht ist dabei nicht entscheidend.«

Ja, das ist charismenorientiert. Ich glaube, Gott beruft und wir sind der Rahmen, in dem sich die Berufungen konkretisieren. Kirche beruft nicht, sie ist der Gestaltungsraum. Ich finde es richtig, dass man den Zugang zu Ämtern allen öffnet. Aber das ist nur der nächste Schritt. Dann müsste man insgesamt noch einmal hinsehen, was Priestersein bedeutet.

Ich finde es wichtig, dass Kirche zur Synodalität zurückkehrt, dazu, miteinander zu gestalten. Man darf nicht nur einen synodalen Weg gehen und eine synodale Kirche für eine gewisse Zeit sein, bis man sich wieder neu aufgestellt hat. Es muss ein Format werden, in dem das Volk Gottes gehört wird und jede und jeder zu einem Amt in der Kirche berufen ist.

Heißt das auch Wahl in Leitungsämter auf Zeit?

Ja, unbedingt. Wir sind kein Gremium wie in der Politik. In den Orden gibt es z. B. keinen Wahlkampf. Das Amt ist ein absoluter Dienst. Das oberste Gremium ist das Kapitel und nicht die Generaloberin. Sie und ihr Rat setzen die Beschlüsse des Kapitels um. Nach ihrer Amtszeit legen sie dem Generalkapitel Rechenschaft ab. Das würde ich mir für die Kirche auch wünschen: Wer für eine gewisse Zeit vorsteht, muss immer wieder Rechenschaft ablegen.

Machtvoll Weggemeinschaft sein – Eine Spurensuche auf benediktinisch-zisterziensischen Pfaden

Bruno Robeck OCist

Die Orden: ein guter, aber nicht der bessere Teil auf dem Synodalen Weg

Mein Wunsch, in einen Orden einzutreten, wurde in der Mitte der 1980er-Jahre von meinem familiären und kirchlichen Umfeld mit einer gewissen Skepsis aufgenommen. Das Ordensleben galt eher als weltfremd, restriktiv und nicht ganz in die Zeit passend. Man schätzte die Ordensleute wegen ihres großen Engagements im karitativen und pastoralen Bereich. Eventuellen Eintrittsideen stand man jedoch verhalten gegenüber. Zugespitzt formuliert könnte man sagen: Je mehr sich ein Orden auf das Gebets- und Gemeinschaftsleben konzentrierte, desto weniger Verständnis hatte man für diese Lebensform. Heute – gut dreißig Jahre später – reibe ich mir verwundert die Augen, wie sehr das Ordensleben von unterschiedlichsten Seiten geschätzt wird. Auch wenn die Eintrittszahlen stark abgenommen haben, so ist die Wertschätzung gewachsen. Die unterschiedliche Spiritualität der jeweiligen Orden gibt heute vielen Menschen wichtige Anregungen für ihr eigenes Leben. Auch bei den Themen des Synodalen Weges und bei den Überlegungen zu einer Synodalen Kirche werden die Praktiken aus dem Ordensleben entdeckt und als Vorbild für kirchliche Reformen herangezogen. Die Orden begannen in jüngster Zeit eine solche Strahlkraft zu entwickeln, dass ein Bischof auf der Zweiten Synodalversammlung im September 2021 im Plenum nachdrücklich zu bedenken gab, die dunklen Seiten, die Fehler und das Versagen der Orden nicht zu vergessen bei gleichzeitiger Anerkennung ihres spirituellen Reichtums und ihres vielfältigen Einsatzes.

Ich finde es wichtig, dass wir uns als Ordensleute unserer gesamten Geschichte bewusst sind. Unbestritten finden sich hier Ansätze, von denen Erneuerungsimpulse ausgehen können. Zu unserer Geschichte gehören aber auch die dunklen Seiten, die viele Menschen abgeschreckt oder verletzt haben. Wie sah es zum Beispiel mit einem Gehorsamsverständnis aus, in dem der Wille Gottes mit dem Willen der Ordensleitung gleichgesetzt wurde? Wie sah es mit der Definition der Demut aus, die forderte, möglichst die Aufgaben zu übernehmen, die man nicht mochte, und die eigenen, von Gott gegebenen Talente verkümmern zu lassen? Wie sah es mit der Kreuzesnachfolge aus, die darin bestand, alles Schwere frag- und klaglos hinzunehmen? Wer in die Klöster schaut, wird dort bis heute vor allem ältere Schwestern und Brüder finden, die seelisch verkümmert oder gar zerbrochen sind, weil sie in ihren jungen Jahren auf solche Ideale getrimmt wurden. Und auch in der Frage des Umgangs mit sexualisierter Gewalt wurde in den Orden lange Zeit wie in der übrigen Kirche verfahren. Nicht vergessen werden sollte jedoch, dass durch einen Ordensmann die Missbrauchsthematik in der Kirche von Deutschland öffentlich gemacht wurde. Die Orden mussten lernen und sie waren bereit zu lernen. Das zeichnet sie in vielfacher Weise in der heutigen kirchlichen Debatte aus. Zahlreiche Ordensgemeinschaften haben ihre Fehler eingesehen. Sie sind zu ihren Wurzeln zurückgekehrt und haben sich von problematischen Teilen ihres Erbes getrennt. So können sie zuversichtlich in die Zukunft gehen und Ermutigung für andere sein.

Für die Ordensgemeinschaften ist eine solche Entwicklung und Erneuerung relativ leicht, wenn nur der Wille und die Einsicht zur Änderung vorhanden sind. Sie haben eine überschaubare Größe und sind eine Gemeinschaft Gleichgesinnter. Die Verfasstheit eines Bistums oder der Kirche innerhalb eines Staates ist viel heterogener und komplexer. Dabei ist der weltkirchliche Hintergrund noch nicht berücksichtigt. Solch eine Dimension müssen wir immer mitdenken, weil sie zum Selbstverständnis unserer katholischen Kirche gehört.

Die Orden und vor allem die benediktinisch geprägten Gemeinschaften werden schon lange als »Kirche im Kleinen« gesehen: als *ecclesiola*. Was die Kirche im Großen durchmachen muss, erleben die Orden im Kleinen. Und meistens schon früher. Es lohnt sich, auf sie zu schauen, weil man von ihrer Entwicklung und Veränderung gerade auch in der Gegenwart lernen kann. Die Orden sind dabei nicht besser als andere Teile der Kirche, sie sind anders und, wie mir doch scheint, in einigen Themen weiter vorne als andere.

Nach diesen einführenden Überlegungen möchte ich im Folgenden einige Aspekte entfalten, wie das Ordensleben in benediktinisch-zisterziensischer Ausprägung eine machtvolle Weggemeinschaft ist. Damit meine ich einerseits, wie mit der Macht innerhalb der Weggemeinschaft »Kloster« umgegangen wird, und andererseits, wie die Orden machtvoll nach außen ausstrahlen können.

Macht und Glanz des Leitungsamtes

Gemäß der Benediktsregel vertritt der Abt als Leiter die Stelle Christi im Kloster (vgl. RB 2,2). Ihm kommt damit eine große Macht und Würde zu. Interessant ist jedoch, dass die Regel diesen Titel gerade nicht dazu benutzt, die Vormachtstellung des Abtes herauszustreichen. Der Titel des Stellvertreters ist der Maßstab, an dem sich der Abt selbst messen muss und an dem sein Handeln von den anderen gemessen wird: Er »darf nichts lehren, anordnen oder befehlen, was vom Gebot des Herrn abweicht« (vgl. RB 2,4). Die Stellvertretung nach der Benediktsregel ist ein Sichtbarmachen Christi durch die praktische Weisheit und das gelebte Vorbild des Amtsinhabers. Aus der Stellvertretung lässt sich kein Herrschaftsanspruch über andere, sondern nur eine Hirtensorge für die anderen ableiten. Der Abt »sei sich bewusst, was er übernommen hat: die Sorge um schwache Seelen, nicht die Gewaltherrschaft über gesunde« (RB 27,6).

Bildlich gesprochen ist der Abt wie der Mond, der das Licht der Sonne, die Christus ist, weitergibt. Die Benediktsregel verschweigt jedoch nicht, dass dieses Licht verdunkelt werden kann. Sie sieht nicht nur die Gefahr, dass der Abt die konkrete Verfassung der Mitbrüder und die äußeren Umstände falsch einschätzen kann, sondern auch die Möglichkeit, dass er aus unlauteren Motiven handelt (vgl. RB 65,22). Es ist sogar möglich, dass Abt und Gemeinschaft gemeinsam den geraden Weg des Mönchslebens verlassen. In diesem Fall sollen der Bischof, die Äbte der umliegenden Klöster oder die Christen der Umgebung eingreifen (vgl. RB 64,3ff.).

Als im 6. Jahrhundert die Benediktsregel geschrieben wurde, durfte die Tatsache nicht unterschätzt werden, dass offen von Fehlern und Versagen des Oberen gesprochen und dass er zur Umkehr gemahnt wird. Auch wenn der Abt die Stelle Christi im Kloster einnimmt, kann er scheitern und versagen bis hin zum Verrat an seiner Lebensform. Stellvertreter Christi ist der Abt idealerweise als geistlicher Vater seiner Gemeinschaft.

Ins 21. Jahrhundert übertragen kann man festhalten, dass der oberste Leiter einer Gemeinschaft – und mag sie noch so groß sein – trotz der großen Würde, die ihm zukommt, fehlbar bleibt wie jeder andere Mensch auch. Wie die Benediktsregel zumindest im Ansatz den Amtsmissbrauch anspricht, so brauchen wir heute klare Regelungen, die Amtsmissbrauch vorbeugen und Fehler ahnden auf allen Ebenen der kirchlichen Machtausübung.

Gewählt, nicht erwählt

Abt wird man nicht von Gottes Gnaden. Zum Abt wird man von der Gemeinschaft gewählt. So wichtig und herausragend diese Aufgabe im Kloster ist, sie bleibt immer rückgebunden an die gesamte Gemeinschaft. Daher beginnt die Benediktsregel auch nicht mit dem Kapitel über den Abt, sondern beschreibt zunächst die vier Arten der Mönche. Sie weist auf die Zönobiten als kraftvollste Art hin, da sie in der Gemeinschaft unter Regel und Abt leben. Nachdem das zweite Kapitel die Aufgaben des Abtes beschreibt, wird dieser im nächsten Kapitel sofort in den größeren Zusammenhang der Mitbrüder gestellt. Abt und Mönche stehen gemeinsam unter der Regel. Der Abt ist wie alle Mitbrüder auch der Regel als Lehrmeisterin untergeordnet (vgl. RB 3,7). Die Einberufung aller Mitbrüder bzw. der sogenannten Älteren zum Rat wird im dritten Kapitel institutionalisiert. Die Rückbindung des Abtes an die Gemeinschaft geschieht nicht nur in seiner einmaligen Wahl, sondern indem er sich immer wieder neu an die wenden muss, die ihn einst gewählt haben.

Bei der Wahl darf nicht ausschlaggebend sein, wer sich am besten darstellen kann oder wer durch sein Alter einen gewissen Respekt verdient. Man achte auf die Lebensführung und die Lehrweisheit – selbst, wenn es sich um den Letzten in der Rangordnung der Gemeinschaft handeln sollte (vgl. RB 64,2). Es ist auffällig, wie oft die Regel darauf hinweist, dass man sich bei der Vergabe von Ämtern nicht nach dem Lebens- oder Klostereintrittsalter richten soll. Mit Verweis auf die biblischen Vorbilder von Daniel und Samuel traut sie den jüngeren Mitbrüdern viel zu.

Die Möglichkeit einer Abwahl oder seines Rücktritts nennt die Benediktsregel nicht. Es scheint gewollt, dass das Abtsamt auf Lebenszeit vergeben wird. Dieses »ewige« Abtsein kann jedoch zu einem falschen Machtanspruch führen. Es lässt vor allem die Frage offen, ob bzw. wie ein Wechsel noch zu Lebzeiten des Abtes stattfinden kann. Zu Beginn und durch viele Jahrhunderte hindurch gab es seitens des Konventes nur eine Möglichkeit der Abtneuwahl: der Tod des Abtes, der in manchen Fällen mangels Alternativen aktiv herbeigeführt wurde.

Die Wahl des Abtes ist ein wichtiger Bestandteil, damit das Gemeinschaftsleben funktionieren kann. Unvorstellbar war es jedoch im 6. Jahrhundert, solch ein Amt zeitlich zu begrenzen. Ein Blick in die Geschichte zeigt, dass die Option eines Rücktritts oder einer Abwahl sinnvoll ist. Bei den monastischen Ordensgemeinschaften ist eine längere Amtszeit mit Möglichkeit der Wiederwahl sinnvoll. Durch regelmäßige Wahlen wird das Amt in heilsamer Weise für den Amtsträger, aber auch für die Gemeinschaft relativiert.

Während der Amtszeit ist die ständige Rückbindung des Oberen an die Gemeinschaft wichtig. Dazu gehören die entsprechenden Beschlüsse der verschiedenen Gremien, aber auch die Rückfrage an den Oberen, wie seine Gemeinschaft ihn erlebt. Dies geschieht vor allem in den sogenannten Visitationen. Seit Beginn des Zisterzienserordens sind alle Äbte dieser Beurteilung durch ihre eigene Gemeinschaft regelmäßig unterworfen. Äbte stehen nicht nur an der Spitze einer Gemeinschaft. Sie müssen sich immer wieder vergewissern und neu zusagen lassen, dass sie noch in Verbindung zur Gemeinschaft stehen.

Heute, im 21. Jahrhundert, sollte es klar sein, dass niemand einen dauerhaften Anspruch hat, einer Gemeinschaft vorzustehen. Es hat sich bewährt, den Leiter durch die Wahl derer zu ermitteln, die ihm anvertraut sind. Geeignet ist, wer eine geistige Reife und persönliche Entwicklungsfähigkeit besitzt. Natürlich spielen auch die äußeren Umstände eine Rolle. Und – nicht zu vergessen – dass in diesem komplexen Geschehen der Geist Gottes wirkt.

Teilen und herrschen

Das bewusste und teilweise unbewusste Ausüben von Macht lässt sich im Zusammenleben von Menschen nicht vermeiden. Die Benediktsregel möchte durch eine klare Vorgabe verhindern, dass sich ungesunde und zerstörerische Machtstrukturen in der Gemeinschaft oder unter den einzelnen Mitgliedern herausbilden. Garant dafür ist der von allen gewählte Abt. Überspitzt gesagt, könnte man ihn als notwendiges Übel bezeichnen, um ein Machtvakuum in der Gemeinschaft zu verhindern. Zum Übel kann er leicht werden, wenn er nicht dem Ideal entspricht, das die Benediktsregel von ihm zeichnet. Er darf nicht seine eigenen Interessen und Vorstellungen durchsetzen, sondern muss der Eigenart vieler dienen (vgl. RB 2,31). Er muss mehr vorsehen als vorstehen (vgl. RB 64,8).

Um Machtmissbrauch möglichst auszuschließen, sollen die Zuständigkeiten klar geregelt sein und die Machtbefugnisse auf mehrere Schultern verteilt werden. Im Kapitel über den Prior als Stellvertreter des Abtes beschreibt die Benediktsregel die Fallstricke des Leitungsamtes. Nüchtern sieht sie die Möglichkeit, dass der Abt aus Neid oder Eifersucht handelt und daher die Beauftragung mehrerer verhindert, dass ein Einzelner stolz wird (vgl. RB 65,13.22).

Das Prinzip des Teilens und Herrschens dient nicht dem eigenen Machterhalt durch Aufteilen von Aufgaben. Die Aufgabe des Leitens soll durch die Verantwortlichkeit mehrerer reguliert und so für Missbrauch weniger anfällig sein. Wenn schon die Benediktsregel trotz der herausragenden Stellung des Abtes die Schattenseiten der Macht deutlich sieht und sie zu erhellen sucht, so müssen wir im 21. Jahrhundert die Möglichkeiten ergreifen, die uns helfen, notwendige Machtgefüge transparent und effektiv zu gestalten und allem Machtmissbrauch vorzubeugen.

Machtvoll Gemeinschaft sein

Auch wenn die Mitglieder einer Klostergemeinschaft nach außen hin oft alle gleich aussehen, so sind sie doch sehr unterschiedlich. Die Benediktsregel benennt diese Unterschiede: die verschiedenen Charaktere, die Ungleichzeitigkeit in der körperlichen und geistigen Entwicklung, die unterschiedlichen Stärken und Schwächen der Einzelnen. Diese Verschiedenheiten müssen in das Gesamt der Gemeinschaft integriert werden. Die Benediktsregel will nicht die einen gegen die anderen ausgespielt wissen. Es muss vielmehr auf jeden Einzelfall eingegangen werden. Dabei berücsichtige der Abt »die Schwächen der Bedürftigen, nicht die Missgunst der Neider« (vgl. RB 55,21), damit alle Glieder im Frieden sind (vgl. RB 34,5). Es geht um versöhnte Verschiedenheit. Wer sich zu der Gemeinschaft bekannt hat, soll nicht ausgeschlossen werden. Der ausführliche Strafkodex der Benediktsregel weiß jedoch auch um Konflikte und Härtefälle. Er sieht im Extremfall eine Trennung vor, wobei die Tür zur Rückkehr offen bleiben muss.

Im 21. Jahrhundert sollten wir lernen, alle, die sich zur Kirche bekennen, als Teil der Kirche zu akzeptieren und sie nicht aufgrund einer anderen Meinung auszuschließen. Als Mitglieder der Kirche sollten wir versuchen, einander in unserer Unterschiedlichkeit zu verstehen und die Ursachen zu ergründen. Es wird wahrscheinlich öfter eine versöhnte Verschiedenheit möglich sein, als wir uns zu Beginn vorstellen können. Es wird jedoch auch die Situation der Trennung geben. Nur sollte die Entscheidung dazu nicht zu schnell getroffen werden, sondern die allerletzte Möglichkeit bleiben. Selbst dann muss die Bereitschaft gewahrt werden, in der Zukunft neu aufeinander zuzugehen (vgl. RB 29).

Aus geistlicher Perspektive sind für die Benediktsregel alle Mitglieder der Gemeinschaft gleich. Beim Eintritt ins Kloster zählt nur der Zeitpunkt der physischen Ankunft vor Ort als objektives Ordnungskriterium: »Wer zum Beispiel zur zweiten Stunde des Tages ins Kloster kam, muss sich jünger wissen als einer, der zur ersten Stunde kam, was immer sein Alter oder seine Stellung sein mag« (RB 63,8). Als objektives Kriterium, um Mitglieder einer Gruppe heute zu ordnen, wird gerne die alphabetische Reihenfolge des Nachnamens genommen. Eine Rangordnung ist notwendig, aber sie sollte die Gleichheit aller ausdrücken. Zur Zeit Benedikts saß vielleicht ein Sohn aus vornehmem Haus neben einem Sohn aus armen Verhältnissen. Bei der ersten Synodalversammlung fand ich mich zwischen einem Weihbischof und einem Mitglied des BDKJ wieder. Solch eine Rangordnung verändert die Wahrnehmung und eröffnet neue Erfahrungsräume, kann aber auch irritieren.

Die Gleichheit aller sieht die Benediktsregel fest in der Bibel verankert. Samuel und Daniel haben als Jugendliche über Ältere geurteilt (vgl. RB 63,6). Noch grundlegender ist das Apostelwort aus dem Galaterbrief (3,28) in Verbindung mit dem Epheserbrief (6,8) und dem Römerbrief (2,11). Auf dieser Basis erklärt die Benediktsregel alle sozialen Unterschiede im Kloster für unbotmäßig: »Ob Sklave oder Freier, in Christus sind wir alle eins, unter dem einen Herrn tragen wir die Last der gleichen Dienstpflichten; denn bei Gott gibt es kein Ansehen der Person« (RB 2,20).

Die Mönche werden nicht aufgrund ihrer Abstammung, ihres Lebensalters oder der sakramentalen Weihe beurteilt, sondern unterscheiden sich allein durch ihr Eintrittsalter und durch ihre geistliche Reife. Letztere ist dann auch das Eignungskriterium zur Übernahme eines Amtes. Von den Priestern im Kloster heißt es daher ausdrücklich: »Er [der Priester] nimmt stets den Platz ein, der seinem Eintritt ins Kloster entspricht, außer beim Dienst am Altar oder wenn ihn die Wahl der Gemeinschaft und der Wille des Abtes an einen höheren Platz stellen, weil seine Lebensführung es verdient« (RB 61,5f; ebenso: RB 60,6f).

Auch heute ist die Kirche als Gemeinschaft der Glaubenden unterwegs. Das Wort aus dem Galaterbrief, das schon die Benediktsregel nutzt, bekommt wieder größeres Gewicht: »Es gibt nicht mehr Juden und Griechen, nicht Sklaven und Freie, nicht männlich und weiblich; denn ihr alle seid einer in Christus Jesus« (Gal 3,28). Wenn im 6. Jahrhundert die Gleichstellung von Sklaven und Freien die Kirche und die kirchliche Ordnung herausforderte, so wird es in unserer Zeit die Gleichstellung von Mann und Frau in der Kirche und die Frage des Verhältnisses von Klerikern und Laien in der Kirche sein. Die Einsicht, dass in Christus Jesus alle eins sind, setzt die Benediktsregel für das Mönchsleben radikal um. Von ihr zu lernen, heißt zu übernehmen, dass auch die Geschlechtlichkeit oder die Zugehörigkeit zu einem kirchlichen Stand vor Gott kein Eignungskriterium für Leitungs- und Amtsgewalt in der Kirche ist.

Geliebte Macht und machtvolle Liebe

Im Zentrum des christlichen Glaubens und somit auch der christlichen Gemeinschaft steht die Liebe. Die Benediktsregel hat einen nüchterneren Blick auf das Glaubensleben. Sie nennt im Prolog das Kloster eine »Schule für den Dienst des Herrn« (RB Prol 45). Die Zisterzienser, die nach der Benediktsregel leben, reden vom Kloster als »Schule der Liebe zu Gott und zum Nächsten«. Die erste Verfassung, die das Zusammenleben des jungen Ordens im 12. Jahrhundert regelte, bekam den schönen Titel *Charta Caritatis* – Die Charta der Liebe. In all den juristischen Festlegungen sollten die Zisterzienser die Liebe als treibendes Motiv erkennen. Sie kann eine große Macht sein und viel Positives bewirken. So schärft die Benediktsregel auch dem Abt ein, er mühe sich, mehr geliebt als gefürchtet zu werden (vgl. RB 64,15). Er hasse die Fehler und liebe die Brüder (vgl. RB 2,11).

Neben dieser Fähigkeit, mit Liebe als Oberer viel Gutes zu bewirken, wächst aber fast immer auch die Liebe zur Macht.

Nicht ohne Grund kursiert in den monastischen Klöstern das selbstkritische ironische Sprichwort, wenn die Amtszeit eines Abtes zu Ende geht: »Nichts ist schwieriger als die Kreuzesabnahme.« Gemeint ist das Verzichten auf das Tragen des Brustkreuzes. Eine feste Ordnung zum Ausscheiden aus dem Abtsamt und eine persönliche Perspektive für die darauffolgende Zeit sind hilfreich. Nicht nur im 6. Jahrhundert war es undenkbar, dass das Oberenamt vor dem Tod endet. Hier haben die monastischen Orden erst im Lauf ihrer langen Geschichte gelernt und die Amtszeit begrenzt. Äbte, die heute nach der Wahl ihres Nachfolgers auf die äußeren Zeichen ihres früheren Amtes verzichten und wieder in die Gemeinschaft zurücktreten, beeindrucken besonders. Klare Bestimmungen helfen allen Beteiligten, dass der Übergang in die Leitungsposition gut und möglichst friedlich gestaltet werden kann. Solche Regelungen verhindern mit machtvoller Liebe, dass sich die Liebe Einzelner zur Macht auf Dauer durchsetzt. Solche Regelungen braucht es auch heute in der kirchlichen Gemeinschaft.

Vital in die Zukunft

Auf der Dritten Synodalversammlung im Februar 2022 fiel ein Bischof, von dem es zu erwarten war, durch eine provokante Aussage auf. Als im Zusammenhang mit dem Thema verheirateter Priester auf die orthodoxe Kirche verwiesen wurde, merkte er an, dass die Bischöfe in diesem Fall ausschließlich aus dem Mönchtum genommen werden müssten. Er habe nun seine Zweifel, dass es in der katholischen Kirche genug vitale Ordensmänner für das Bischofsamt gebe. Auch wenn die Ordenslandschaft vor allem in unseren Breiten kleiner wird und Klöster und Werke aufgegeben werden müssen, so lässt sich doch auch neue Vitalität in den Orden finden. Die Herausforderungen führen vielerorts zum Beschreiten neuer Wege. Ordensmänner wie Ordensfrauen sind es gewohnt, nicht allein zu entscheiden. Sie sind durch die Schule ihrer Ordensspiritualität in ihrem persönlichen Glauben gereift und haben die

Gemeinschaft als wertvoll erfahren. Gerade vor diesem Hintergrund fehlt es nicht an Vitalität der Ordensleute zur Wahl auf die Bischofsstühle.

Vielmehr stellt sich die Frage seitens der Orden, inwieweit eine Übernahme eines solchen Amtes mit ihrem eigenen Charisma zu vereinbaren ist. Unbestritten ist, dass Ordensleute auf den Bischofsstühlen guttun, wie man in den deutschen Diözesen aber auch in der Weltkirche bis hin zu Papst Franziskus sehen kann. Die Frage, ob die Bischofsstühle auch den Ordensleuten guttun, sehe ich noch nicht endgültig beantwortet. Der große Lehrer des alten christlichen Mönchtums Johannes Cassian (+ 432) hatte dazu eine klare Meinung: »Ein Mönch muss unbedingt fliehen vor den Frauen und vor den Bischöfen«.

Die Orden sind lebendig. Ansonsten würden sie in der heutigen Zeit keine solch große Wertschätzung erfahren. Sie mussten jedoch in den letzten Jahrzehnten viel lernen, wobei dieser Lernprozess nicht abgeschlossen ist. Von den Orden zu lernen, heißt zu lernen, sich seinen eigenen Stärken und Schwächen zu stellen und neue Wege beherzt dort zu beschreiten, wo es Not tut. So lernt man, machtvoll Gemeinschaft zu sein.

»Sein wandernd Volk will leiten ...« – Kirche als Pilger:in unterwegs auf dem Synodalen Weg

Sr. Dr. Katharina Ganz OSF

Katholischsein und pilgern oder wallfahren gehören für mich untrennbar zusammen. Ich bin in Willanzheim aufgewachsen. Das Dorf liegt am süd-westlichsten Zipfel des Erzbistums Bamberg. Als Kindergartenkind streute ich Blumen bei der Fronleichnamsprozession. Als Kommunionkind durfte ich eine Kerze oder Lilie aus Plastik vor der Muttergottes hertragen. Plastikblumen fand ich albern, und die Kerze tropfte auf mein Kleid. Wegen der Wachsflecken gab es hinterher Ärger zu Hause. Die Bittprozessionen in die Nachbardörfer mochte ich, weil die Blaskapelle spielte und ich die Lieder und Gebete bald auswendig konnte. Außerdem schmeckten die Bratwurst und die Fanta danach in der Gastwirtschaft besonders gut.

Einen tieferen Zugang zum Wallfahren habe ich während meiner Schulzeit in Münsterschwarzach bekommen. Ab der neunten Klasse nahm ich jedes Jahr an Wanderungen auf den Spuren eines oder einer Heiligen teil. Mit anderen Schüler:innen und Lehrkräften pilgerten wir etwa in Burgund nach Vézelay oder in Ungarn zur Benediktinerabtei Pannonhalma. So erlebten wir jedes Jahr in den Pfingstferien Gemeinschaft und suchten stimmige Formen für unseren Glauben, etwa bei Gottesdiensten am Lagerfeuer. Wir lernten uns gegenseitig besser kennen und lernten vor allem Dinge, die im Lehrplan nicht vorkamen. Einige zauberten aus den einfachsten Zutaten leckere Speisen. Andere halfen mit ihrem Humor, Blasen und körperliche Schmerzen erträglicher zu machen. Manche verwandelten Kirchen durch ihren Gesang in mystische Räume, wieder andere sorgten mit der Gitarre für Gänsehautmomente. Die Gespräche mit den Mönchen und Religionslehrern auf dem Weg halfen mir, eigene Überzeugungen herauszubilden und entscheidende Weichen für mein Leben zu stellen.

Mit der Zeit wurde das Pilgern für mich zu einer Lebenshaltung. Nach wichtigen Etappen machte ich eine Dankwallfahrt ins oberfränkische Gößweinstein oder begab mich auf den Kunigundenweg nach Bamberg. 2003 machte ich mich mit einigen Mitschwestern von unserem Kloster Oberzell bei Würzburg in Etappen auf den Weg nach Santiago de Compostela. Das jahrelange Unterwegssein brachte uns einander näher. Nach meiner Wahl zur Generaloberin 2013 bat ich Gott um Beistand auf dem Elisabethweg von Eisenach nach Marburg, und in einer sehr schweren Situation stapfte ich vor drei Jahren bei eisigen Temperaturen auf den Kreuzberg in der Rhön. Auch im Alltag nehme ich mir kleine Auszeiten, bei denen ich mich in der Natur besinne, mein Leben ordne und mich in der Stille auf Gott ausrichte.

Der Weg und das Pilgern sind ein Sinnbild für unser Leben schlechthin. Seit dem Zweiten Vatikanischen Konzil beschreibt sich die Kirche selbst als pilgerndes Volk Gottes unterwegs. Dieses Bild hat etwas Dynamisches. Kirche bewegt sich. Sie steht nicht still. Sie ist aufgebrochen, ist nicht allein auf dem Weg. Sie hat ein Ziel, ist aber noch nicht am Ziel. Vor über zwei Jahren hat die katholische Kirche in Deutschland sich auf den sogenannten Synodalen Weg gemacht und greift damit das Wegsymbol auf: Eine pilgernde Kirche »ist nicht starr in ihren Strukturen, sondern lebendig in ihrer Mission; nicht selbstgenügsam, sondern lernfähig. Sie ist unterwegs, um Gott und seine Spuren auch an den ›fremden‹, unerwarteten Orten zu suchen und zu finden (vgl. GS 4, 11, 44)« (aus dem Grundtext des Forums »Macht und Gewaltenteilung«).

Mit dieser Selbstbeschreibung knüpft die Kirche an das Zweite Vatikanum sowie an das Verständnis des jüdischen Volkes an. Auch Israel wusste sich von Gott erwählt und auf den Weg gerufen. »Die Geschichte der Befreiung, die das Gottesvolk aus dem Sklavenhaus Ägyptens geführt hat, beginnt mit dem Hören: ›Ich habe das Elend meines Volkes in Ägypten gesehen, und ihre laute Klage über ihre Antreiber habe ich gehört‹ (Ex 3,7). Gott hört, um der Not der Menschen abzuhelfen – das ist die Frohe Botschaft. Das Hören auf Gottes Wort beginnt auch heute noch mit dem Hören auf die verletzten und marginalisierten, auf die zum Schweigen gebrachten und verurteilten, auf die verstummten und dennoch aufbegehrenden Mitglieder des Volkes Gottes [...] Zu ihnen zählen ohne Zweifel die Opfer und Überlebenden sexualisierter und geistlicher Gewalt in der Kirche. Auf Gottes Wort zu hören und einander zuzuhören, ist ein Grundvollzug jeder Synodalität. Gemeinsam gilt es, nach dem Ratschluss Gottes für seine Kirche und für seine Welt zu suchen, um die notwendigen Schritte zu gehen« (aus dem Orientierungstext des Synodalen Weges).

Die tausendfachen Fälle sexuellen Missbrauchs an Kindern, Jugendlichen, Schutzbefohlenen sowie Frauen und Männern durch Kleriker haben unsere Kirche an einen tiefen Abgrund geführt. Durch diese Skandale hat die Kirche mit ihrer Glaubwürdigkeit auch den letzten Rest ihres moralischen Kredits verspielt. Die Plausibilität der christlichen Botschaft insgesamt ist gefährdet. Immer mehr Menschen wenden sich enttäuscht, verletzt und resigniert von der Kirche ab. Sie trauen ihr nicht mehr zu, dass sie für eine gute, befreiende, menschenwürdige Botschaft steht und etwas beitragen kann, das den Menschen Sinn, Zuversicht, Mut und Hoffnung vermittelt. Dabei könnte die römisch-katholische Kirche als älteste globale Institution der Welt viel zum globalen Frieden, zu Gerechtigkeit und Versöhnung beitragen. Sie wird aber immer weniger ernst genommen, wenn sie die Forderungen, die sie an Regierungen, an die Wirtschaft oder andere Religionen stellt, nicht auch in den eigenen Strukturen umsetzt. Nur wenn sie die Fehler im eigenen System ausmerzt, werden Glaubensvermittlung und Evangelisierung gelingen.

Deshalb ist der Synodale Weg, den die Bischöfe gemeinsam mit dem Zentralkomitee der deutschen Katholiken unternommen haben, viel mehr als eine Beschäftigung mit sich selbst. Er ist – so möchte ich es deuten – ein Weg, die Wunden, die die Kirche ihren eigenen Mitgliedern geschlagen hat, ehrlich anzuschauen und nach Möglichkeiten der Heilung und Versöhnung zu suchen. Seit einem Jahr können sich Betroffene sexualisierter Gewalt endlich auch selbst in den Versammlungen zu Wort melden und aktiv in die Arbeit in den Foren einbringen.

Was ich als Beraterin im Forum »Frauen in Diensten und Ämtern« oder bei den Synodalversammlungen erlebe, macht mir Hoffnung und Mut. Wir sind eine geistliche Weggemeinschaft. Das Gebet um Gottes Geist, um Erleuchtung und Einsicht zieht sich durch alle Beratungen. Immer besser gelingt es, aufeinander zu hören und unterschiedliche Meinungen stehen zu lassen. Bischöfe, die sich missverständlich ausgedrückt haben, entschuldigen sich öffentlich. Umgekehrt verzichten die Jugendverbände darauf, mit grünen und roten Karten Redebeiträge nonverbal zu loben oder zu kritisieren. Eine strikte Redeliste und Beschränkung der Redezeit garantiert, dass alle Synodalen der Reihe nach drankommen und gleichberechtigt Gehör finden. In den Pausen kommt es zu offenen Gesprächen und informellem Austausch. Da traut sich ein Weihbischof die Vertreterin des Frauenbunds zu fragen, was für sie Geschlechtergerechtigkeit und Gleichstellung bedeuten würden. Ein Generalvikar gibt zu, dass er vom Priesterseminar an immer in seiner Blase abgeschottet gelebt hat und nun viel Neues dazulernt. Durch unsere Unabhängigkeit von diözesanen Strukturen können auch wir Ordensleute unsere Stimme freimütig erheben. Menschen, die in homosexuellen Partnerschaften leben oder die wegen ihrer sexuellen Identität durch die katholische Lehre ausgegrenzt werden, machen auf ihre Diskriminierung aufmerksam. In der Aktion #OutInChurch haben sich zu Jahresbeginn 125 queere Menschen zu Wort gemeldet und fordern eine Kirche ohne Angst. Bei der letzten Synodalversammlung Anfang Februar sind erste Texte inzwischen in der Zweiten Lesung angenommen worden. In Zukunft werden Gläubige mitreden, wenn es um die Zusammenstellung geeigneter Kandidaten für das Bischofsamt geht. Es wird mehr Mitsprache und Beteiligung an kirchlichen Entscheidungen durch das gesamte Volk Gottes geben.

Im Frauenforum haben wir uns zum Ziel gesetzt, Geschlechtergerechtigkeit in der Kirche herbeizuführen. Alle Getauften und Gefirmten sollen unabhängig von ihrem Geschlecht Anerkennung und Wertschätzung ihrer Charismen und ihrer geistlichen Berufung erfahren; Dienste und Ämter sollen nach Eignung, Fähigkeiten und Kompetenzen vergeben werden. Maßstab muss sein, was der Verkündigung des Evangeliums in der jeweiligen Zeit dient. »Die institutionelle, amtliche Kirchengestalt ist in jeder Zeit so zu formen, dass sie der Botschaft Gottes einen weiten Raum eröffnet, in den alle Menschen gerne eintreten möchten«, heißt es im Grundtext des Frauenforums. Dass Frauen Jesus Christus nicht in der Feier der Sakramente vergegenwärtigen können, empfinden immer mehr Menschen als skandalös. Immerhin waren Frauen die Erstzeuginnen der Auferweckung Jesu und hatten etwa in den paulinischen Gemeinden und bei der Verbreitung des christlichen Glaubens leitende Funktionen. Nicht die Teilhabe von Frauen an allen kirchlichen Diensten und Ämtern ist heute begründungspflichtig, sondern ihr Ausschluss vom sakramentalen Amt. Die grundlegende Frage muss lauten: Was möchte Gott/Jesus Christus/der Heilige Geist für die Kirche und »wer kann aufgrund welcher Kriterien beanspruchen, dies für alle Zeiten zu wissen?« (aus dem Grundtext des Forums »Frauen in Diensten und Ämtern«).

Im ersten Korintherbrief (1 Kor 12,1–27) argumentiert Paulus mit den Geistesgaben. Die Verteilung von Aufgaben und Funktionen soll sich danach richten, welche Fähigkeiten die Getauften von Gottes Geistkraft erhalten haben. Der Geist des Herrn teilt sich den Menschen unterschiedlich mit. Dennoch ist es immer der eine Geist Jesu, der die Getauften beseelt und befähigt. So kann der eine besser unterrichten und die andere kann gut leiten. Der eine kann Kranke heilen, die andere prophetisch reden. Die Taufe auf den Namen Jesu bewirkt die Einheit der unterschiedlichen Menschen am Leib Christi. Die Unterschiede in der Herkunft etwa zwischen jüdischen oder griechischen Menschen oder die Hierarchie des Status wie bei versklavten und freien Menschen werden irrelevant. Im Brief an die Galater 3,28 führt Paulus an, dass auch die Verschiedenheit der Geschlechter keine Rolle mehr in den christlichen Gemeinschaften spielen soll, wenn er schreibt: »Es gibt nicht mehr [...] männlich und weiblich; denn ihr alle seid einer in Christus Jesus.«

Von dieser Wirklichkeit sind wir freilich noch weit entfernt. Jahrhundertelang galt: Der Mann wird dem Geist zugeordnet, die Frau dem Irdischen. Der Mann galt als das wahre Abbild Gottes, die Frau nur eine Ableitung des Mannes. Die einseitige Auslegung der Schöpfungserzählungen im Buch Genesis und die Abwertung Evas als Sünderin taten das Ihre dazu. Aber selbst die Lehre über Maria als Gegenbild zu Eva hat dazu beigetragen, Frauen kleinzuhalten und ihnen permanent ein schlechtes Gewissen zu machen. Maria wurde auf einen Sockel gestellt, den keine Frau je erklimmen kann. Denn welche Frau könnte gleichzeitig Jungfrau und Mutter sein?

Erst in den letzten Jahren wird deutlich, dass auch Mädchen und Frauen Opfer von sexuellem oder geistlichem Missbrauch in der Kirche waren und sind. »Vielen von ihnen fällt es schwer, ihre Geschichte zu erzählen. Zu den oft traumatischen und schambesetzten Erlebnissen kommt hinzu, dass ihnen häufig nicht geglaubt oder ihnen sogar eine (Mit-)Schuld am Erlittenen zugewiesen wird« (aus dem Grundtext »Frauen in Diensten und Ämtern«). In dem Gefälle zwischen Geweihten und Nichtgeweihten, Männern und Frauen wurden die Schwächen besonders verletzlicher Personen ausgenutzt, »bestehende Ungleichheiten verfestigt und Macht missbraucht. Betroffene berichten zudem davon, dass ihnen mit Verweis auf Maria eine unterwürfig dienende oder gar gefügige Rolle zugewiesen wurde, in der sie den Missbrauch stillschweigend hinzunehmen hätten« (ebd.). Es wird Zeit, dass wir diese Missstände und Ungerechtigkeiten beenden. Auch wir Ordensfrauen haben hier noch einiges aufzuarbeiten.

Ein Blick in den kirchlichen Himmel könnte uns helfen, auch auf Erden mehr Gerechtigkeit und Gleichstellung zwischen den Menschen aller Geschlechter zu erreichen. Schauen wir uns die Vierzehn Nothelfer:innen als Vorbilder im Glauben an: Da stehen die »drei heiligen Madel« Katharina, Margareta und Barbara gleichberechtigt um die elf heiligen Mannsbilder. Das ergibt immerhin eine Frauenquote von 21 Prozent. Ob Heiliger oder Heilige: Ihrer aller Leben waren gefährdet. Sie haben gelitten. Viele von ihnen sind brutal umgebracht worden. Auf vielen Darstellungen umringen die vierzehn Heiligen das Jesuskind. Dieses Gnadenbild scheint mir ein Wegweiser zu sein für den Weg der Umkehr und Erneuerung: Das Jesuskind ist die menschgewordene Liebe Gottes. Im Jesuskind hat Gott Fleisch und Blut angenommen. Gott ist klein und damit verletzlich geworden. Gott hat sich dem ganzen menschlichen Leben ausgesetzt. Sein Leben war von Anfang an bedroht. Die Eltern Jesu, Maria und Josef, mussten fliehen, damit Herodes das Kind nicht umbringt. Diese Herodes-Strategie wird bis heute noch angewandt. Diktatoren und Tyrannen aller Zeit neigen dazu, ihre Gegner unschädlich zu machen, bevor sie selbst angegriffen werden. Sie spionieren andere aus, manipulieren sie oder versuchen, sie sich gefügig zu machen wie Herodes die Sterndeuter. Und sie sind bereit, um ihres eigenen

Machterhalts willen unschuldige Frauen und Kinder zu opfern.

Jesus ist den Weg des gewaltlosen Widerstands und Leidens bis in seinen Foltertod hinein gegangen. Mit seiner Lebenshingabe am Kreuz hat er ein für alle Mal die innerweltliche Logik von Gewalt und Gegengewalt durchbrochen. Im Reich Gottes, für das Jesus steht, soll es keine Opfer mehr geben. Niemand soll mehr im Namen Gottes unterworfen, ausgebeutet oder erniedrigt werden. Alle, die auf den Namen Jesu getauft und mit seinem Geist gesalbt sind, sind eins in Christus – egal, woher sie kommen; egal, wie sie heißen; egal, an welchen Gott sie glauben; egal, welches biologische Geschlecht sie haben. Dieses Programm bleibt eine Herausforderung für Menschen aller Zeiten und Kulturen.

Die Kirche ist das pilgernde Gottesvolk unterwegs. Sie ist irdische Gemeinschaft und himmlische Versammlung. Im Himmel sind alle Wunden überwunden. Es gibt keine Verletzungen mehr. Die irdische Kirche hat – wie Papst Franziskus immer wieder betont – die Aufgabe, Lazarett zu sein und Wunden zu verbinden, die sich Menschen gegenseitig zufügen – nicht zuletzt in der Kirche selbst. Manchmal scheint von diesem Heil etwas auf, das uns Mut macht, weiter unserem Glauben zu folgen, selbst wenn die Realität oft weit vom Ideal entfernt ist.

So hat bei der letzten Online-Konferenz des Frauenforums eine Betroffene von sexualisierter Gewalt gesagt: Bei der letzten Synodalversammlung sei sie seit Langem wieder einmal stolz gewesen auf ihre Kirche. Die Art und Weise, wie dort gesprochen und miteinander um die Wahrheit gerungen worden sei, hätte sie in all ihrer Verletzlichkeit und Verwundung tief berührt.

Ich glaube an eine Kirche, die den Weg der Menschwerdung geht: die nicht nur Wunden schlägt, sondern sich selbst verletzlich zeigt. Eine Kirche, die sich trotz aller Verletzungen, in allem Leid, mit aller Schuld und in allem Tod ausstreckt nach dem österlichen Licht. Diese Wirklichkeit ist erfahrbar.

Mitverantwortlich auf dem Synodalen Weg – Chancen der Orden

P. Dr. Hans Langendörfer SJ

Die Krise der Kirche färbt auf die Orden und geistlichen Gemeinschaften ab. Sie ist auch deren Krise. Weithin teilen sie den Verlust an Glaubwürdigkeit und den Mangel an Strahlkraft, die oft kennzeichnend sind für die katholische Kirche in Deutschland. Die Mitgliederzahlen gehen fast überall zurück: An die Stelle altgewordener Brüder und Schwestern rücken keine Jüngeren, Klöster und Kommunitäten werden geschlossen, die Zahl der Einsatzorte wird kleiner, Einrichtungen in Ordensträgerschaft werden weniger. Das konkrete, empirische Leben in den Gelübden verliert, glaube ich, an Verständlichkeit und Zustimmung. Kann es da aus der Welt der Orden doch noch den einen oder anderen Impuls geben für Wege in eine kraftvollere Zukunft? Impulse insbesondere für den Synodalen Weg, der ein besonders wichtiger Pfad in Richtung Zukunft sein soll.

Zunächst einmal ist festzuhalten, dass Ordensangehörige in der Synodalversammlung und in den Foren äußerst aktiv und bemerkbar mitwirken – und zwar allen voran die Frauen. Sie brennen für die Reformthemen des Synodalen Weges und treiben sie mit großem Ernst und ungestüm voran. Vielleicht ist dabei eine innere und äußere Freiheit der Ordensangehörigen, die ihr Tun und ihr Leben rascher ändern können als andere, eine besondere Chance. Was aber können Ordensleute in den

Prozess als Ganzen einbringen? Da ich nicht in aller Allgemeinheit reden möchte, konzentriere ich mich oft auf die Gesellschaft Jesu.

Weltkirche

Man weiß im Synodalen Weg um die Dimension der Weltkirche. Der Papst drängt darauf, die ganze Kirche im Blick zu behalten und keinem falschen Partikularismus zu frönen. Die katholische Kirche in Deutschland ist nur ein kleinerer Teil des Katholizismus – in vielfacher Hinsicht bedeutsam, aber quantitativ nicht zu überschätzen. Natürlich sind die Bistümer international vernetzt und pflegen oft sehr engagiert Partnerprogramme in der Weltkirche. Natürlich gibt es die weltkirchlichen Hilfswerke und Aktivitäten wie den Katholischen Akademischen Ausländerdienst. Aber direkt eingewoben in ihr Leben ist die Weltkirche und besonders die Verbundenheit mit dem Globalen Süden vor allem bei einigen Orden und Klöstern, die eine größere internationale Gemeinschaft darstellen oder in der Solidaritätsarbeit oder auch in der weltweiten Glaubensverkündigung aktiv sind. Sie müssen der Transmissionsriemen für die Übermittlung der Reformvorschläge des Synodalen Weges sein. Das verlangt einerseits eine ordensinterne Debatte und andererseits Dialogangebote nach außen hin. Schon die interne Debatte ist nicht leicht, weil sie erstens verlangt, dass sich Mitbrüder und -schwestern für den Synodalen Weg interessieren und positiv einsetzen wollen und dies zweitens in einem internationalen und interkulturellen Ambiente geschieht. Ordensleute (und nicht nur sie) haben bereits in der Kirche und bei den Mitbrüdern und -schwestern benachbarter Länder Schwierigkeiten, die Reformforderungen zu plausibilisieren.

Große Orden oder Klosterfamilien haben zudem eigene Kontakte in Rom, wo man gegenüber der Kirche in Deutschland wohl unverändert viel Skepsis hegt. Ob in den und durch die

Ordenskurien und im Vatikan, besonders den Dikasterien, ein positiver Anstoß zu mehr Vertrauen gegeben werden kann? Und zwar im Dialog, dem sich alle offen stellen sollten. Jedenfalls haben besonders die päpstlichen Orden und die vielen Klosterfamilien eine große Erfahrung mit dem »*sentire cum ecclesia*« – der kirchlichen Gesinnung –, die als Erfahrungsschatz auch in die Synodalversammlungen eingebracht werden kann und wird.

Spiritualität

Alle Orden und Gemeinschaften haben eine einende Identität und Ideale und Ziele. Wenn sie international wirksam sind, ist das umso bedeutsamer. Entscheidend ist meines Erachtens die feste Bindung des Ordens an eine geistliche Vision und Erfahrung, an eine Berufungsgeschichte und an ein Charisma. Diese Bindung zeigt sich in einer (mehr oder minder) stabilen und authentischen Glaubenspraxis der Ordensmitglieder und lebt aus einer starken spirituellen Grundierung. Dabei gibt es spezifische Traditionen der Orden, die aber oft verallgemeinerbar sind und auch für den Synodalen Weg taugen.

Im Fall des Jesuitenordens ist es beispielsweise die von Ignatius von Loyola propagierte »Unterscheidung der Geister«. Das ist eine Methode, sorgfältig auf die inneren Wirkungen zu achten, die im Umfeld zu treffender Entscheidungen den Prozess des Abwägens einer oder mehrerer möglicher Vorgehensweisen auslösen. Ignatius kennt den »guten Geist«, der »Mut und Kraft, Tröstungen, Tränen, Einsprechungen und Ruhe gibt«, und den bösen Geist, dem es eigen ist, »zu beißen, traurig zu stimmen und Hindernisse zu legen« (EB 315). Entsprechend kennt Ignatius »Trost« (eine Bewegung, »bei welcher die Seele in Liebe zu ihrem Schöpfer und Herrn zu entbrennen beginnt« EB 316) und »Trostlosigkeit«: »Verfinsterung der Seele, Verwirrung in ihr, Hinneigung zu niedrigen und erdhaften Dingen, Unruhe verschiedener Getriebenheiten und Anfechtungen ...« (EB 317). Solche Unterscheidung ist gar nicht so leicht und sehr voraussetzungsvoll. Man hat in verschiedenen Ordensforen und anderswo schon versucht, eine Unterscheidung in Gemeinschaft zu realisieren – auch (mit begrenztem Erfolg) in der Deutschen Bischofskonferenz. Dennoch bleibt fraglich, ob diese Ansätze auch zur Klärung wichtiger Fragen des Synodalen Wegs nutzbar sind. Allerdings braucht man Zeit – und eine Unterscheidung taugt vornehmlich für den Zeitraum vor einer Entscheidung und weniger, wenn die Beteiligten innerlich schon entschieden sind.

Ein noch schwierigeres Thema ist die Indifferenz als eine Emotionslage, die Ignatius empfiehlt und die im Blick auf Entscheidungen mit dem »Gleichgewicht der Waage« verglichen wird, »um dem folgen zu können, von dem ich spüre, dass es mehr zur Ehre und zum Lobpreis Gottes [...] dient« (EB 179). Schwierig ist das deshalb, weil für Ignatius Materien, die eine Entscheidung gestatten, »im Bereich der Heiligen Mutter, der hierarchischen Kirche mitstreiten« müssen (EB 171) – und es wäre zu klären, wie das bei Voten möglich ist, die die Lehre bestreiten und weiterentwickeln wollen.

Wie auch immer geistliche Elemente nützlich sind: Im Synodalen Weg sind glaubensbasierte Entscheidungen angestrebt, was allerdings – das ist wichtig – weder das vernünftige, abwägende Argument ausschließt noch die demokratische Schlussabstimmung. Allerdings gibt es oft eine gewisse Zurückhaltung gegenüber einer Ausweitung der ohnehin schon praktizierten »spirituellen Dimension«, weil Spiritualität und Geistliches bis heute nicht selten als Instrumente der Machtausübung und Intransparenz missbraucht werden und deshalb rasch unter Verdacht geraten.

Macht

Zentrales Thema des Synodalen Weges sind Macht und Machtmissbrauch. Nun ist es unangemessen, das Hohelied auf den
angeblichen Machtverzicht in den Orden anzustimmen. Es
sind nicht wenige Fälle des Machtmissbrauchs bekannt geworden, bis hin zum geistlichen Missbrauch und zu sexualisierter
Gewalt. Und manche auch gegenwärtige Interpretation des
Gehorsamsgelübdes ist unangemessen und anstößig. Wohl
aber sind kirchlicher Karrierismus und Klerikalismus zumindest strukturell weitgehend ausgeschlossen. Der regelmäßige
Wechsel im Oberen- und Oberinnenamt schafft – jedenfalls
dem Anspruch nach – eine Situation, in der Verantwortungsträger eine klare Mandatszeit haben und dann wieder ins Glied
zurücktreten, Macht also auf Zeit vergeben wird.

Das ist eine Erfahrung, die für manche Voten des Synodalen
Weges lehrreich ist. Natürlich ist das Weiheamt des Bischofs
anders geprägt als das eines Provinzoberen oder einer Äbtissin. Aber für Regelungen der praktischen Verantwortungs-
übertragung taugt der Vergleich schon, solange man nicht wie
früher eine bischöfliche Amtszeit bis zum Tod vorsieht. Zudem gibt es in den Orden verschiedenste Verfahren der Aus-
wahl von Führungskräften, die vielleicht auch im Bereich der
verfassten Kirche interessant sein könnten.

Laboratorien

Eine »Zeit der Orden« (Metz) ist wohl heute in Deutschland
nicht gegeben, dazu fehlt es gegenwärtig an Vitalität. »Mystik
und Politik der Nachfolge« erfolgen auf den mühevollen Wegen der Ebene. Aber Laboratorien der Zukunft gibt es in den
Orden schon: Aktivitäten, in denen auch Bestrebungen des Synodalen Weges experimentell aufgenommen werden. Ich denke an die Arbeit mit Migranten oder an Engagements im öko-
sozialen Wandel oder Angebote für junge Leute, Erfahrungen

in und mit dem Globalen Süden zu machen, an eine kraftvolle Frauenarbeit. Überhaupt: Die Welt des Interkulturellen passt oft besonders gut zu den Orden. Vielleicht gibt es in ihnen zudem generell eine größere Nähe zu Menschen, die sich fernhalten oder fern wissen vom christlichen Glauben und sich ihm und seinen Anstößen dennoch nicht verschließen. Das ist wichtig, weil der Synodale Weg letztlich und perspektivisch ein Programm im Dienst der Glaubensverkündigung ist, das aber extrem starke Bezüge ins Innere der Kirche aufweist und zu Recht als sehr selbstreferenziell bezeichnet wird. Keiner weiß, wie lange die befriedende Kraft des Synodalen Weges erhalten bleiben wird. Viel hängt – wieder einmal – von der Frustrationstoleranz und der Demut der Teilnehmenden ab, die gegenwärtig oft eher Ungeduld zeigen und bereit sind, Druck aufzubauen. Da könnte es gut sein, wenn solche Laboratorien oder auch andere gelingende Experimente zeigen, dass es trotz allem gut ist und erfolgreich sein kann, in der Kirche mitzuwirken und nicht all das zu übersehen, was in ihr hoffnungsvoll stimmen kann.

Die Orden, Klöster und geistlichen Gemeinschaften sind ungeachtet mancher Schwächen, mit denen sie zu ringen haben, im Synodalen Weg präsent und durch starke Vertreterinnen und Vertreter sichtbar. Vielleicht sind ihre Möglichkeiten, an den großen Themen mitzuwirken, eher begrenzt. Doch gibt es diese Chancen – und sie haben mit dem Proprium der Orden und ihren eigenen Kompetenzen und Erfahrungen zu tun.

Reden, miteinander – Perspektiven auf geistliche Dialog- und Streitkultur

Fr. Simon Hacker OP

Sind Ordensleute besser im konstruktiven Streit? Sind Klöster Orte, in denen es harmonischer zugeht, weil ihre Bewohnerinnen und Bewohner eine gesündere Gesprächskultur pflegen? Glaubt man dem romantischen Image, das seicht-kitschige Fernsehserien in den letzten Jahren gezeichnet haben, könnte die streitende Welt vom Vorbild des Ordenslebens lernen. Die Realität hingegen ist vielschichtiger. Auch in unserer Welt gibt es zerstrittene Abteien, denen selbst kirchenrechtliche Visitationen kaum noch helfen können, gibt es Menschen, die Gemeinschaften verlassen, weil es für sie nicht mehr weitergeht. Ordenshäuser sind keine heile, perfekte Welt. Und doch haben wir an vielen Orten Haltungen und Techniken entwickelt, die im Zusammenleben wie im Konfliktfall helfen können.

In der Tradition des Dominikanerordens gilt der Konvent, also die Gemeinschaft vor Ort, als *sacra praedicatio*, als »heilige Predigt«. Nicht erst der wortreiche Dienst auf der Kanzel ist Verkündigung der Liebe Gottes, sondern zuerst das Zusammenleben der Brüder und Schwestern. Diesem äußerst anspruchsvollen Ideal liegt ein Jesuswort zugrunde: »Daran werden alle erkennen, dass ihr meine Jünger seid: wenn ihr einander liebt« (Joh 13,35). Kirche muss sich bewusst sein, dass das erste Zeugnis nach außen ihr Umgang im Inneren ist. Wo Kirche nur noch als Streithaufen wahrgenommen wird, wo Gläubige (und auch Bischöfe) nicht einmal mehr miteinander Eucharistie feiern können, sich gegenseitig den rechten Glauben und die gute Gesinnung absprechen, ist Kirche kein Zeichen des Friedens und der Versöhnung, sondern Karikatur ihrer selbst. Zeugin der frohen Botschaft ist sie so nicht. Dabei muss die innere Einheit gar nicht monolithisch gleich sein, als ob alle in allem derselben Meinung sein müssten. Das wäre auch kein Ideal, das wäre ein geschlossenes Denk- und Handlungssystem, realisierte Ideologie, die der Vielfalt und Ambiguität menschlichen Lebens nicht gerecht würde. Stattdessen kommt es auf eine innere Weite der Einzelnen wie der ganzen Gemeinschaft an, die Verschiedenheit in Einheit begreifen und leben kann, die vieles zulässt und doch zusammengehalten wird vom gemeinsamen Konsens.

Wie kommt man zu solch einem gemeinsamen Konsens? Wichtig scheint mir, miteinander statt übereinander zu reden. Letzteres ist sehr viel einfacher und bequemer, ob im theologischen Diskurs, in der kirchenpolitischen Debatte oder im ganz alltäglichen Miteinander. Zielführend ist es aber nicht. Zwar muss nicht jede Kleinigkeit diskutiert und problematisiert werden, doch bestehende Konflikte nicht anzugehen, ist ein fast sicherer Weg in die Eskalation. Es scheint mir, dass es uns oft an Mut fehlt, Probleme bei jenen Menschen anzusprechen, mit denen wir sie haben. Das gilt im Kleinen wie im Großen der Kirche, wo sich inzwischen Lager und Blöcke gegenüberzustehen scheinen, unfähig und unwillig, miteinander ins Gespräch zu kommen. Es ist da sehr viel leichter, in der eigenen »Bubble« und Echokammer zu bleiben, wo einem der Applaus der Gleichgesinnten sicher ist. Zwei Gedankenspiele können hier vielleicht helfen und trotz der Schwierigkeiten zum Dialog ermutigen:

Beim ersten stelle ich mir vor, dass ich mit der Person die kommende Woche im Kloster verbringen werde. Ich werde sie schon beim Morgengebet sehen müssen, ich werde gemeinsam mit ihr zu Mittag essen, bei der täglichen Eucharistiefeier werde ich ihr die Hand zum Friedensgruß reichen und bevor ich schlafen gehe, sehe ich sie beim Nachtgebet. Wenn ich mir weiter vorstelle, dass ich dieser Person kaum aus dem Weg gehen können werde, fällt es mir vielleicht leichter, den Mut aufzubringen, das Problem im gemeinsamen Dialog anzugehen. Es ist ehrlicher und letztlich mit sehr viel weniger Ärger verbunden. Wenn ich in den Streit gehe, kann ich mir dann weiter bildlich vorstellen, dass Jesus neben der Person steht, mit der ich zu streiten versuche. Das mag im ersten Moment lächerlich oder gezwungen wirken, ist aber im Grunde nur ein kleiner psychologischer Trick, der uns daran erinnert, was wir eigentlich sowieso fest glauben wollen, dass Gott in seiner Liebe anwesend ist. Wenn Jesus vor mir steht, werde ich nicht den Mut verlieren, das Notwendige an- und auszusprechen, denn Jesus selbst gibt mir den Mut. Gleichsam werde ich es mir im Angesicht der menschgewordenen Liebe zweimal überlegen, ob ich das Notwendige im giftigen Tonfall sage oder einen gehässigen Kommentar anfüge, denn das schadet der Sache und widerspricht Jesu Liebesgebot. Im Beisein Jesu könnte ich klar und liebevoll formulieren, was uns trennt, denn ich wüsste, dass das Bekenntnis und die Liebe zu ihm uns umso mehr verbinden. Vielleicht wären diese beiden Imaginationen ein erster Schritt auf dem Weg zu einer wirklich christlichen Streitkultur, zu einem geistlichen Dialog.

Ein solcher wird immer wieder gefordert, auch und vor allem beim Synodalen Weg. Die Diskussionen sollen immer wieder unterbrochen werden, damit gemeinsam auf das Wort Gottes gehört werden kann. So ehrenhaft und richtig dieser Ansatz ist, so wenig hilfreich ist er da, wo fundamentale Fragen völlig gegensätzlich beantwortet werden. Hier stoßen wir zunächst auf das Problem, dass uns bisweilen die Grundlagen für einen gemeinsamen Diskurs fehlen. Wenn eine Seite mit mittelalterlichen philosophischen Konzepten operiert, die die

Wahrheit vermeintlich objektiv aufzeigen, während die andere Seite poststrukturalistische und spätmoderne Konzepte
des 20. und 21. Jahrhunderts zum Vorbild hat, bei denen sich
der Wahrheit nur im Diskurs und stets nur vorläufig genähert
werden kann, dann diskutiert man oft aneinander vorbei, weil
man sich in völlig unterschiedlichen gedanklichen Welten bewegt.

Aber nicht nur die philosophischen Grundlagen und Voraus-
setzungen sind extrem unterschiedlich, sondern auch die konkreten Ansichten. Was der einen Gruppe als legitime Überzeugung erscheint und gern im Diskurs behauptet wird, ist
für eine andere Gruppe eine Grenzverletzung, ein No-Go und
ein Ausdruck von Diskriminierung. Zwei sehr unterschiedliche Beispiele zur Illustration: Für eine sehr kleine Minderheit
auf dem Synodalen Weg ist eine priesterlose Kirche nicht nur
möglich, sondern sogar wünschenswert – unverständlich für
viele, für einige der blanke Verrat an allem, was katholisch ist.
Eine ganz andere Minderheit am selben Ort sieht einen selbst-
evidenten Zusammenhang von Homosexualität und Missbrauch – was den lautstarken Widerspruch der großen Mehrheit hervorruft, die solche Äußerungen als gruppenbezogene
Menschenfeindlichkeit bewertet (freilich ist die faktenbasierte
Wissenschaft hier auf ihrer Seite, denn dieser Zusammenhang
besteht schlichtweg nicht). Die gewählten Beispiele machen
auch deutlich, warum eine ignatianische Indifferenz nicht in
jeder Situation möglich ist – zumindest dann nicht, wenn im
Diskurs Grenzüberschreitungen und Diskriminierungen of-
fensichtlich werden.

Ob wir nun die unterschiedlichen philosophischen Grundlagen oder die extrem unterschiedlichen, ja diametral verschiedenen Positionen zu konkreten Fragen betrachten, bei
beiden fällt der Gedanke schwer, dass ein geistlicher Dialog
nur im Sinn eines gemeinsamen Hörens auf Gottes Wort zu
mehr Verständigungen führen kann. Vielleicht sollten wir den
geistlichen Dialog eher als Versuch betrachten, den anderen

besser, tiefer und hintergründiger zu verstehen. Vielleicht ist es in diesem Sinn zielführender, die Fragen hinter den Fragen zu hören, die zugrundeliegenden Erfahrungen meines Gegenübers oder seiner Gruppe nachzuvollziehen und dabei vorhandene Verletzungen und Ängste einerseits, Hoffnungen und Werte andererseits ernst zu nehmen. Das setzt ernstes Bemühen um den anderen und seine Position voraus. In Ordensgemeinschaften ist das eine Grundvoraussetzung für das Zusammenleben, kommen hier doch mitunter grundverschiedene Menschen zusammen, die das Leben teilen wollen und müssen. Ich muss den anderen wirklich kennen und verstehen lernen wollen. Das ist anstrengend, kostet Zeit und stößt auch an Grenzen. Wo es gelingt, ist es sehr viel leichter, zu gemeinsamen Positionen und Kompromissen zu gelangen. Wo diese nicht gefunden werden können, ist es dann wenigstens leichter, den anderen in seinem Anderssein akzeptieren und lassen zu können.

Im Zweifel kann es helfen, abseits der trennenden Themen Gemeinsamkeiten zu finden. Ich mag mit einem Mitbruder in liturgischen Fragen nicht auf einen Nenner kommen, aber unsere Leidenschaft für eher ungewöhnliche Orte kirchlicher Verkündigung teilen wir; in Bezug auf die Verbindlichkeit lehramtlicher Aussagen mag ich mit einem Bischof unterschiedlicher Auffassung sein, aber wir schätzen das geteilte Engagement für die Bewahrung von Gottes Schöpfung. Den *common sense* in anderen Bereichen zu finden ist dabei mehr als ein billiges Ablenken von bestehenden Konflikten. Dieses Suchen und Finden hält zusammen und eröffnet die Möglichkeit, in Zukunft doch noch Verständigung bei bisher strittigen Themen zu finden.

Voraussetzung dafür ist aber immer eine grundsätzliche Lern- und Veränderungsbereitschaft. Diese darf nicht nur behauptet werden, sondern muss auch Konsequenzen haben und sich verwirklichen. Bei einigen Synodalen Weggefährt:innen wird bisweilen von Reformen und Revolutionen gesprochen, ohne dass sich aber etwas am eigenen Standpunkt oder am kirchlichen Status Quo ändern dürfe. Das scheint etwas unreflektiert oder nicht ganz ehrlich. Besonders oft ist in diesem Zusammenhang die Behauptung zu hören, vorgelegte Entwürfe seien theologisch nicht reif genug oder ließen geistliche Tiefe vermissen. Was diese theologische Reife oder die geistliche Tiefe hingegen sein sollen, kann dann aber nicht definiert werden. Als »infiniten Komplexitätsregress« hat ein Mitsynodaler diese Argumentationsstrategie sehr treffend beschrieben: Im Grunde ist es kein Argument, sondern eine rhetorische Nebelkerze.

Doch nur wer sich in der Offenheit auf Veränderung eigener Positionen hin auf den anderen einlässt, ermöglicht einen echten, geistlichen, das heißt geisterfüllten Dialog. Wer so in einen Dialog geht, hält auch die Möglichkeit offen, im Gegenüber die Wahrheit Gottes neu lernen zu können.

Wandlungshelfer – Der Beitrag der Orden für die Zukunft der Kirche

---

Wir können auch anders.
Wie Maria Katharina Kasper,
die 1845 die »Armen Dienstmägde Jesu Christi« gründete
und sich der häuslichen Pflege von Kranken und Alten
sowie der Kinderbetreuung widmete.
Wie sehr liegt uns heute die Pflege und Erziehung am Herzen?

Wir können auch anders.
Wie Vinzenz von Paul und Luise von Marillac,
die 1633 die »Filles de la Charité«, die Barmherzigen Schwestern
vom hl. Vinzenz von Paul (Vinzentinerinnen) gründeten, um
Menschen in ihren geistlichen und leiblichen Nöten beizustehen
und Liebe zur Tat werden zu lassen. Es war die erste Frauenordens-
gemeinschaft, die außerhalb der Klostermauern tätig werden
konnte und damit zum Vorbild für sozial-karitative Orden wurde.
*Wo geht Kirche heute neue Wege hin zu den Menschen und lebt den
Leitsatz »Liebe ist unendlich erfinderisch«?*

Wir können auch anders.
Wie Helena Stollenwerk und Hendrina Stenmanns,
die 1889 den Orden der »Steyler Missionsschwestern«
(Dienerinnen des Heiligen Geistes) gründeten, bei denen der
Mensch in seiner Ganzheit im Mittelpunkt des Einsatzes
in Kirche und Gesellschaft steht.
Wo ist Kirche heute eine starke Stimme in der Gesellschaft?

Wir können auch anders.
Wie Bischof Thomas Kurialassery,
der 1908 in Indien die »Schwestern von der Anbetung des allerheiligsten Altarsakraments« gründete, die heute auch in Deutschland ihren Dienst für die Mitmenschen tun.
Wo geben wir uns heute ganz unserer Berufung hin?

Wir können auch anders.
Wir, die Gott suchen
und sich von ihm finden lassen.
Wir, die wir immer wieder
neue Aufbrüche und Anfänge wagen.
Wir, die Kirche
für die Menschen von heute leben wollen.
Wir, die nach den Worten Jesu leben:
»Bei euch aber soll es nicht so sein« (Mk 10,43).
Wir können zusammen anders Kirche sein.

Vom Tod zum Leben – Wie Maria Magdalena die Kirche zum Blickwechsel anregt. Eine biblische Betrachtung.

Sr. Nicola Maria Schmitt OSV

Einführung

Auf dem Weg zur Umkehr und Erneuerung unserer Kirche wird als Zielperspektive von mehr Synodalität in unseren Strukturen und Prozessen gesprochen. Schaut man näher hin, was damit gemeint ist, so ist die Rede von Haltungen wie »begegnen«, »einander zuhören«, »hören auf das Wort Gottes«, »gemeinsames Fragen nach der Sendung, die uns aufgetragen ist«, »wie mit dem uns anvertrauten Auftrag zur Verkündigung umgehen«, »Erfahrungen des gemeinsamen Unterwegsseins teilen«, »geistliche Unterscheidung«, »gemeinsam beraten, entscheiden und entschieden handeln«. Genau diese Begriffe haben mich ermutigt, die erste Begegnung des Auferstandenen mit Maria Magdalena in einer *Lectio Divina* zu betrachten. Diese alte und gleichzeitig wiederentdeckte Form, die Bibel zu lesen, kann uns helfen, dieses Buch so zu entdecken und zu deuten, dass es zur lebendigen Quelle der Gottesbeziehung wird. Schon in der alten Kirche und im mittelalterlichen Mönchtum wurde dieser Methode viel Aufmerksamkeit geschenkt und sie kann uns auch heute helfen, die Veränderungen in der Kirche als spirituellen/geistlichen Weg zu gehen.

Für diesen Beitrag konzentriere ich mich auf zwei der Schritte: In der *Lectio Divina* helfen uns Fragen an den Text, um seine Eigenschaften, seine Wortwahl, Dramatik oder Personengruppen wahrzunehmen (erster Leseschlüssel: »Ich lese den Text«). Dieses Studieren mit Distanz und Blick für die Details verhindert, vorschnell etwas in den Text hineinzulesen. Beim zweiten Leseschlüssel: »Der Text liest mich« kommen die Lesenden selbst ins Spiel. Sie fragen, wo der Text in ihnen Resonanz auslöst und was sie berührt. Den Ablauf einer *Lectio Divina* in der Gruppe oder allein finden Sie auf www.lectiodivina. de. Mit den hier gestellten Fragen lenke ich den Blick stärker auf bzw. in die Kirche hinein.

Johannesevangelium Kapitel 20,1–2,11–18:

1 Am ersten Tag der Woche kam Maria von Magdala frühmorgens, als es noch dunkel war, zum Grab und sah, dass der Stein vom Grab weggenommen war.

2 Da lief sie schnell zu Simon Petrus und dem anderen Jünger, den Jesus liebte, und sagte zu ihnen: Sie haben den Herrn aus dem Grab weggenommen und wir wissen nicht, wohin sie ihn gelegt haben.

11 Maria aber stand draußen vor dem Grab und weinte. Während sie weinte, beugte sie sich in die Grabkammer hinein.

12 Da sah sie zwei Engel in weißen Gewändern sitzen, den einen dort, wo der Kopf, den anderen dort, wo die Füße des Leichnams Jesu gelegen hatten.

13 Diese sagten zu ihr: Frau, warum weinst du? Sie antwortete ihnen: Sie haben meinen Herrn weggenommen und ich weiß nicht, wohin sie ihn gelegt haben.

14 Als sie das gesagt hatte, wandte sie sich um und sah Jesus dastehen, wusste aber nicht, dass es Jesus war.

15 Jesus sagte zu ihr: Frau, warum weinst du? Wen suchst du? Sie meinte, es sei der Gärtner, und sagte zu ihm: Herr, wenn du ihn weggebracht hast, sag mir, wohin du ihn gelegt hast! Dann will ich ihn holen.

16 Jesus sagte zu ihr: Maria! Da wandte sie sich um und sagte auf Hebräisch zu ihm: Rabbuni!, das heißt: Meister.

17 Jesus sagte zu ihr: Halte mich nicht fest; denn ich bin noch nicht zum Vater hinaufgegangen. Geh aber zu meinen Brüdern und sag ihnen: Ich gehe hinauf zu meinem Vater und eurem Vater, zu meinem Gott und eurem Gott.

18 Maria von Magdala kam zu den Jüngern und verkündete ihnen: Ich habe den Herrn gesehen. Und sie berichtete, was er ihr gesagt hatte.

Erster Leseschlüssel: »Ich lese den Text«

Ich nehme wahr, dass in dieser Erzählung sehr viel Begegnung stattfindet: Maria von Magdala begegnet Simon Petrus und dem anderen Jünger, den Jesus liebte, sie begegnet den beiden Engeln, sie begegnet einer Gestalt, die sie zunächst als den Gärtner ansieht, der sich dann als Jesus zu erkennen gibt und sie begegnet den Jüngern, zu denen sie gesandt wird. Es wird in dieser Erzählung viel dialogisiert, wobei den jeweilig Sprechenden gut zugehört wird. Das Sehen spielt eine große Rolle. Damit ist nicht nur das physische Sehen gemeint, sondern auch das tiefere Schauen und Wahrnehmen. Es zeigt eine hellwache Präsenz in der Begegnung untereinander. Die Gefühle Marias werden nicht verschwiegen, sondern viermal mit dem Wort »weinen« zusammengefasst. Dies ist eine wichtige Erfahrung – (meine) Gefühle haben einen Raum. Es fällt auf, dass viel von Bewegungsabläufen die Rede ist: vom Laufen, Stehen, Sitzen, zweimaligem Umwenden, Gehen, Kommen und Hinaufgehen. Es ist eine Lebendigkeit zu spüren, ein gemeinsames Unterwegssein, das mit einem klaren Auftrag zur Verkündigung und damit zum Handeln abschließt. Vergleichen wir die Schlüsselbegriffe von Synodalität (s. o.), so können wir in den Verben dieser Erzählung einige wiederfinden.

Zweiter Leseschlüssel: »Der Text liest mich«

In diesem Schritt geht es um die Wahrnehmung der eigenen Resonanz auf das, was das Wort Gottes in mir zum Klingen bringt. Wir spüren nach, was diese Verse an Gedanken, Gefühlen oder Handlungsimpulsen in uns anregen. Es wird erzählt, dass Maria von Magdala die Erste ist, die ans Grab läuft. Sie wird im Johannesevangelium als Brückenbauerin vom Karfreitag unter dem Kreuz stehend bis hin zu Ostern beschrieben. Im Blick auf unsere derzeitige Situation in der Kirche, die eher dem Karfreitagsgefühl nahekommt, wollen wir uns von Maria Magdalena begleiten lassen, welche Schritte wir hin zu einer österlichen Kirche gehen können.

Leseschlüssel 2.1: »Warum weinst du?«

Maria Magdalena schaut ins leere Grab hinein und sieht zwei Engel. Sie fragen sie: »Warum weinst du?«

Wenn ich auf bzw. in die Kirche als Institution schaue,

- worüber weine ich?
- wo blicke ich in ein dunkles, leeres Grab?
- wo stehe ich und was ist mein Impuls? Wegrennen, aushalten, weinen, schreien, umdrehen ...?

Wir haben allen Grund, mit Maria zu weinen, wenn wir auf unsere derzeitige innerkirchliche Situation schauen. Wir weinen mit den Betroffenen über deren erfahrenes Leid im Missbrauch jeglicher Form. Wir weinen darüber, wie viele Berufungen brachliegen, weil die derzeitigen kirchenrechtlichen Strukturen nicht zulassen, diesen Ruf anzunehmen. Wir weinen, weil viele Menschen aufgrund ihrer sexuellen Orientierung oder Brüchen in ihren Lebensentwürfen von Sakramenten ausgeschlossen sind und nicht die volle Teilhabe an der *communio* erhalten. Wir weinen und trauern und schauen in die Dunkelheit und Leere, die dieses »Schauen« bei uns hinterlässt. Vielleicht trauern wir einer Kirche nach, von der wir schmerzlich enttäuscht worden sind. Zur Trauer gehört auch das Gefühl, allein zurückgeblieben zu sein, die Welt nicht mehr zu verstehen, vielleicht ratlos in Bezug auf das Unbegreifliche zu sein. Nur wer die Trauer mit allen Facetten zulässt, kann weitere Schritte bewusst gehen.

Leseschlüssel 2.2: »Wen suchst du?«

Diese Frage sind die ersten Wörter Jesu, die er im Johannesevangelium in Kapitel 1,38 an die Johannesjünger richtet, die ihm nachfolgen. Als Auferstandener richtet er seine ersten Worte mit der gleichen Frage nun an Maria.

Wenn ich auf bzw. in die Kirche als Institution schaue,

- wonach suche ich in meiner Kirche?
- Bin ich dies schon einmal in meiner Kirche gefragt worden: »Wen suchst du«?

Wir dürfen uns von Gott immer wieder fragen lassen: »Wen suchst du?/Wen sucht ihr?« Die Haltung, auf der Suche zu sein und vor allem auch zu bleiben und damit nie zu Ende zu kommen mit unseren Fragen, ist eine weitere Grundhaltung, die wir Christen uns zumuten lassen dürfen. Es unterbricht unser Gewohntes, lässt uns aus der Suchbewegung heraus auch einmal innehalten, wir lassen uns in eine hohe innere Präsenz ein, nehmen wahr, dass wir nicht allein sind, hören aufeinander und bleiben innerlich so beweglich, dass wir bereit sind, uns Gott zuzuwenden, gegebenenfalls auch umzuwenden, umzukehren. Im Suchprozess schärft sich unser Hören, Lauschen, Nachsinnen, Aufeinander-Hören, auf Gottes Wort Hören.

Maria von Magdala sagt dreimal fast den gleichen Satz: »Sie haben meinen Herrn weggenommen und ich weiß nicht, wohin sie ihn gelegt haben« (Joh 20, 2b, 13b, 15b). Das zeigt, dass sie nach dem Jesus ihrer Erfahrungen und ihrer gemeinsamen Erlebnisse sucht. Sie hat die Vorstellung, dass jemand seinen Leichnam weggenommen und an eine andere Stelle gelegt hat. Diese Vorstellung ist so manifest, dass sie sie dreimal wiederholt, bis ihr klar wird, dass sie auf diese Vorstellung keine Antwort erhalten wird.

Wenn ich auf bzw. in die Kirche als Institution schaue,

- kenne ich das Empfinden, dass mir der Blick auf Jesus (durch wen auch immer) verstellt ist?
- wo legen mich meine eigenen Erwartungen und Vorstellungen, wie sich Kirche zu verändern hat, fest?

Wie manifest unsere Vorstellungen sein können, zeigt Maria Magdalena, indem sie dreimal vom »Weggenommenen« spricht. Auch wir müssen unsere Vorstellungen hinter uns lassen, und das ist vermutlich der schwierigste Schritt. Die eigenen Vorstellungen, wie der persönliche Lebensweg auszusehen hat, können Entwicklung massiv behindern. Auf die Kirche übertragen, können viele Vorstellungen und das Festhalten an Altem und Bekanntem echte Wandlung verhindern. Welche Gestalt und Form von Kirche will Jesus, der Auferstandene, uns hier und jetzt zeigen? Sind wir offen und bereit für die Art und Weise, wie sich Jesus hier und heute offenbaren will? Würden wir ihn erkennen oder wären unsere Vorstellungen so genau und festgefahren, dass er nicht zu uns durchdringen kann? Das ist schon ein herausfordernder Schritt, alle Vorstellungen loszulassen.

Leseschlüssel 2.4: »Maria!« – Da wandte sie sich um

Maria von Magdala wandte sich nach dem Gespräch mit den Engeln um, sah durch ihre tränenverschleierten Augen nur die Umrisse eines Menschen und dachte, es sei der Gärtner. In ihrer Trauer erkennt sie Jesus zunächst auch nicht an seiner Stimme. Ihre Wahrnehmung ist nach innen gekehrt, in der Trauer gefangen. Erst als der auferstandene Jesus sie beim Namen rief, erkannte sie ihn, wandte sich ihm noch mehr zu und sagte:»Rabbuni, Meister«. Ihre Suche nach Jesus erfüllt sich, aber in ganz anderer Weise. Sie erkennt ihn erst wieder, als Jesus sie mit ihrem Namen anspricht. So vollzieht Maria nach der äußeren Kehrtwende nun eine innere Kehrtwendung.

Wenn ich auf bzw. in die Kirche als Institution schaue,

- was brauche ich, um mich aus meiner Trauer über das Bild der Kirche herauszulösen?
- wo fühle ich mich in meiner Kirche angesprochen?
- wer spricht mich in meiner Gemeinde an? Werde ich angesprochen?
- welche Bewegung (in der Kirche) täte mir gut, um mich dem Ruf Jesu ins Leben zu öffnen?

Mit dem Namen angesprochen zu werden bewirkt, dass eine weitere Hinwendung und dieses Mal hin zum Erlöser und Auferstandenen erfolgen kann. Nicht ich mache den ersten Schritt, sondern der liebende Blick berührt mich. Durch das Angesehen- und Angerufen-Werden, geschieht echte Hinwendung und Wandlung zu Jesus. Es zieht uns an sich. In diesem tiefen Berührtsein wächst Verantwortung für das Leben im näheren und weiteren Umfeld. Maria braucht ein zweites Umwenden, um zu erkennen, was wahrhaftig real jetzt geschieht. Es geschieht Be-Ruf-ung – und das ganz unabhängig vom Geschlecht. So ereignet sich äußere und innere Kehrtwende und Wandlung.

Leseschlüssel 2.5: »Halte mich nicht fest!«

Jesus zeigt Maria deutlich auf, dass sie nicht über ihn verfügen kann, er ist unverfügbar. Der auferweckte und erhöhte Jesus ist so ganz anders und so ganz neu, dass es seine Initiative braucht, damit Maria ihn wirklich und wahrhaftig als »ihren« Jesus – Rabbuni – erkennt. Dieser Auferstandene des Johannesevangeliums braucht keinen Erklärengel, sondern erklärt selbst, was es mit Ostern auf sich hat: Jesus lebt. Er geht zu Gott, seiner und unserer Quelle des Lebens. Alles Wie und Wo und Warum tritt dahinter zurück und ist so unbegreiflich und unverfügbar wie Gott selbst. Wir können nicht(s) festhalten.

Wenn ich auf bzw. in die Kirche als Institution schaue,

- wo höre ich Jesus diesen Satz »Halte mich nicht fest« zu uns als Kirche sprechen?
- wo legen wir ihn fest, dass er uns dieses »Stoppschild« zeigt?
- was löst die Unverfügbarkeit Gottes und seines Wirkens in der Kirche in mir aus?

Das ist schwer auszuhalten! In größter Not brauchen wir Gott doch so sehr! Was heißt dieser Satz: »Halte mich nicht fest«? Was ist von uns als Kirche verlangt? Es ist der echte Blickwechsel, der von uns verlangt wird. Der Blick, der nicht mich und uns zum Mittelpunkt hat, sondern Gott. »Was würde hier und jetzt Jesus an meiner Stelle tun?«, fragte sich Vinzenz von Paul häufig, bevor er auf eine Not, die er sah, reagierte. Das Bild, das wir uns von Gott und seinem Wirken machen, hindert uns, ihm wirklich zu begegnen. Wir müssen ganz radikal unseren Blickwinkel loslassen, uns umwenden, uns so zu Gott hinwenden, dass wir erkennen können, welche Botschaft er für uns hat. Hier werden wir auch um die Gabe der Unterscheidung bitten müssen, damit wir erkennen, was unser Wille und was Gottes Wille ist.

Leseschlüssel 2.6: »Geh zu meinen Brüdern und sag ihnen ...« »Ich habe den Herrn gesehen!«

Jesus sendet Maria zu ihren Brüdern und Schwestern, er gibt ihr einen Sendungsauftrag, einen Verkündigungsauftrag. Sie wird die erste Botin der Osterbotschaft. Sie kommt dadurch in Bewegung, weil sie weitersagen soll, was sie gehört und gesehen hat.

Wenn ich auf bzw. in die Kirche als Institution schaue,

- wohin sind wir als Gemeinschaft der Glaubenden gesandt?
- gibt es Orte, an denen wir uns austauschen und aufeinander hören können, aus welcher Hoffnung wir leben, die uns trägt?
- wo finden wir eine hörende, aufmerksame, offene Weggemeinschaft, um unsere Erfahrungen im Glauben und aus dem gemeinsamen Hören auf das Wort Gottes zu teilen?
- sind wir hoffnungsvolle Auferstehungschristen?
- haben wir unsere Blickrichtung wirklich gewendet, ganz auf Gott hin, oder dreht sich weiterhin vieles um uns selbst? Welche Sendung nehmen wir von Gott her wahr und was lässt uns ins Handeln kommen?

Nur wer gelernt hat, den Blick ganz von sich weg auf Jesus hinzuwenden, sich auf seine Sichtweise einzulassen, kann die Sendung wahrnehmen, zu der er ruft. Wohin sendet Jesus uns heute? Was gibt er uns heute mit auf den Weg?

Im Beisammenbleiben, gemeinsamen Beten und Austauschen ihrer Auferstehungserfahrungen machen die Jüngerinnen und Jünger die Erfahrung, dass Jesus durch verschlossene Türen zu ihnen durchdringen kann. Auch wir stehen in der Gefahr, dass wir aus Mutlosigkeit, aus Traurigkeit, aus Hoffnungslosigkeit und Angst unsere inneren und äußeren Türen verrammeln und die Sendung, die uns für diese Welt aufgetragen ist, nicht wahrnehmen. Im gemeinsamen Teilen ihrer jeweiligen Auferstehungserfahrungen werden die Jüngerinnen und Jünger zu glaubwürdigen Zeuginnen und Zeugen, die langsam ihre Angst verlieren, als ihnen der Heilige Geist zur Stärkung gesandt wird. Lassen wir uns von ihrem Beispiel ermutigen und uns zu neuen Formen von *communio* anregen, die getragen sind vom gemeinsamen Hören auf das Wort Gottes, von gemeinsamem Beten und Mahlhalten, einander zuhören, wahrhaftigen Begegnungen und miteinander Unterwegssein, gemeinsamem Beraten, Entscheiden und auch entschiedenem Handeln.

Wir alle, die wir in der Taufe und Firmung zu Berufenen und Gesandten geworden sind, sollen von der Hoffnung künden, die uns trägt, hält und mutig neue Schritte gehen lässt.

Kirche und Veränderung – weltweit

Sr. Daisy Panikulam SABS

Der Synodale Weg in Deutschland stellt sich der Situation der Menschen von heute. Es wird Zeit, dass wir uns damit auseinandersetzen. Jesus hat das Evangelium den damaligen Menschen in ihrer aktuellen Lebenssituation verkündet. Daher sehe ich es als Auftrag und Pflicht der Kirche, das Evangelium für die heutigen Menschen in ihrer Lebenssituation zu deuten. Es ist wichtig, dass uns dies gelingt. Wir brauchen Veränderungen in den Strukturen und im Glaubensleben. Das ist eine große Herausforderung, und der Synodale Weg bemüht sich darum. Die Art und Weise, wie dort Themen mit unterschiedlichen Meinungen und Einstellungen diskutiert und reflektiert werden und wie nach Lösungen gesucht wird, ist für mich ein Zeichen des Wirkens des Heiligen Geistes. Im Miteinander der Teilnehmer zeigen sich Offenheit und Wertschätzung sowie der Versuch, eine Kirche zu schaffen, in der alle Menschen willkommen sind.

Die vier Themen des Synodalen Weges sind meines Erachtens auch mit Blick auf die Kirche in meinem Geburtsland Indien dringend zu bearbeiten, um das verlorene Vertrauen und die Glaubwürdigkeit der Kirche dort wiederzugewinnen. Dort sind wir jedoch weit davon entfernt, in Dialog zu treten. Für mich ist es ein großes Privileg, als Inderin am Synodalen Weg teilzunehmen.

Reflektiert den Glauben leben

Wenn ich über meinen eigenen Glaubensweg nachdenke, erkenne ich auch dort Veränderungen in Struktur, Form, Inhalt und Essenz. Im Jahr 1990 kam ich aus der dogmatisch und patriarchalisch geprägten (syromalabarischen) Kirche Indiens in die aufgeklärte, liberale Kirche Deutschlands. Zunächst bedeutete das einen Kulturschock für mich. Nach 32 Jahren kann ich sagen: Die Integration in der deutschen Kirche hat mein Glaubensleben im positiven Sinn verändert und bereichert. Vor allem das Studium und der ständige Austausch und Dialog mit den glaubenden Menschen im pastoralen Dienst haben mich dazu befähigt, fragender, kritisch und reflektierter den Glauben zu leben. Ich konnte das mitgebrachte Glaubensgut mit dem neuen verbinden. Eine ständige Selbstreflexion und die daraus entstehenden Veränderungen, neue Wege und Formen sind für meine Spiritualität unabdingbar, denn andernfalls besteht die Gefahr, dass der Glaube zur Gewohnheit wird.

Manche Traditionen verhindern die Lebendigkeit und Freude am Glauben. Weltweit und in allen Kirchen gibt es Konservative und Progressive. Für mich ist das normal, weil wir gesellschaftlich und kirchlich unterschiedlich situiert sind. Ich sehe es als Chance und Bereicherung, eine lebendige und vielfältige Kirche zu sein. Leider gelingt es uns jedoch nicht immer, das Miteinander zu ermöglichen und jeden und jede so leben zu lassen, wie er oder sie es möchte, damit alle einen Platz in der Kirche finden und die individuellen Bedürfnisse wahrgenommen werden. Wir brauchen sowohl Tradition als auch Reform. Jesus hat ebenfalls manche Traditionen infrage gestellt, wenn sie nicht den Menschen dienten.

Ich erlebe in Deutschland, dass immer mehr Menschen ihren Glauben nicht von der Institution Kirche abhängig machen, sondern neue Wege suchen, um ihren eigenen Glauben und ihre Spiritualität zu leben und zu vertiefen. Ich vermisse in der deutschen Kirche etwas Flexibilität und Spontanität. Dann wieder fällt mir auf, wie sich jene, die noch in der Kirche sind, mit ihrer Zeit und ihren Fähigkeiten engagieren, um sie zu retten und die Menschen in ihrer aktuellen Lebenssituation abzuholen. Der Synodale Weg gibt mir Hoffnung, dass diese Menschen auf ihrer Suche begleitet werden können. Der Synodale Weg versucht, Strukturen zu wandeln, um eine lebendige Kirche zu schaffen.

Das Abbremsen der Reform mit dem Argument der Weltkirche ist für mich nicht plausibel. Ich sehe die Probleme, die in der deutschen Kirche angegangen werden, auch in Indien. Die gesellschaftliche Entwicklung wirkt ebenso in meinem Heimatland auf das kirchliche Leben: Die indischen Menschen leben ihren Glauben heutzutage reflektierter und stellen Fragen an die Institution Kirche. Die kirchliche Hierarchie wird nicht mehr so akzeptiert wie bisher. Leider darf an der Kirche keine Kritik geübt werden, selbst wenn Widersprüchlichkeiten und Unehrlichkeit zutage treten. Das Thema »Missbrauch« ist ein Tabu und wird ignoriert. Die autoritäre Struktur macht nicht nur die öffentliche Aufarbeitung schwierig, sondern verhindert häufig, dass betroffene Personen sich zu Wort melden. Die gesellschaftliche Stellung der Frau in der indischen Kultur beeinflusst die kirchliche Hierarchie. So, wie ich als Frau meinen Glauben hier in Deutschland lebe und meinen Dienst als Gemeindereferentin oder Krankenhausseelsorgerin erbringe, wäre es in der indischen Kirche undenkbar.

Vorreiter für die Weltkirche

Daher kann der Synodale Weg der deutschen Kirche ein Vorreiter für die Weltkirche sein. Er zeigt, dass die Kirche aus ihrer Vergangenheit lernen kann und durch Handeln versucht, eine Antwort auf die Fragen und Sorgen der heutigen Menschen zu geben. Trotz aller Herausforderungen und Skepsis entstehen in mir Hoffnungsbilder, dass dieser Weg unsere Kirche bewegt, erneuert und das Evangelium für die heutige Zeit im Sinn Jesu Christi deutet. Dabei möchte ich das Zitat der Kirchenlehrerin und Heiligen Katharina von Siena (1347–1380) mit auf den Weg geben: »Wartet nicht auf die Zeit, denn die Zeit wartet nicht auf euch!«

Kirche braucht andere Priester:innen – Ermutigungen zur Reform des Priesterlichen aus Ordensperspektive

P. Stephan Ch. Kessler SJ

Ordensleute sind keine besseren Christen. Erst recht sind sie keine besseren Priester, sofern sie zu diesem Amt ordiniert sind. Alle Gefährdungen und Perversionen des Priesterlichen berühren jedoch das Ordensleben im Kern, das im gemeinsamen Priestertum aller Getauften gründet. Die Taufe ist Prinzip und Fundament jeglicher Ordensberufung. Im 21. Jahrhundert ist die Ordensexistenz aufgrund der statistischen Mehrheit von Ordensfrauen entsprechend der geltenden Kirchendisziplin eine laikale Erscheinung: Ordenspriester sind in der Minderheit. Nicht selten liegt der Impuls für die Entstehung der ganz unterschiedlichen Typen religiösen Lebens im Streben von Laien nach einer grundlegenden Reform einer als defizitär oder deformiert empfundenen Kirche und ihrer klerikalen Ämter. Viele Ordensgründungen in der Geschichte der Kirchen stellen den Versuch dar, die christliche Existenz von der Taufe her zu radikalisieren.

Veränderbare Formen von Verantwortung und Amt

Auch wenn die Gründe für die Entstehung einer außergemeindlichen Askese in der Spätantike, aus der sich die klösterliche Existenz bzw. das Ordensleben herausgebildet haben, vielschichtig sind, so stellt das Streben nach einer ideal gedachten Kirche, in der die Taufgnade realisiert wird, ein durchgängiges Motiv dar. Der Ordensstand wurde in einer immer stärker christlich geprägten Welt zur intensivierten Taufbekehrung. Der Aufruf zu kirchlicher Erneuerung lässt sich als Tenor in der Geschichte der Orden und Gemeinschaften nachweisen – angefangen von den Wüstenvätern Antonius und Pachomius (4. Jahrhundert) über Franziskus von Assisi (1181/1182–1226) und die Bewegung der Bettelorden bis zu den vielfältigen Gründungen von Kongregationen im 19. Jahrhundert. Die Vielgestalt der Formen des Ordenslebens hat in der Geschichte immer auch veränderte und angepasste Formen der Ämter und Verantwortlichkeiten herausgebildet. Das jeweilige Charisma und die historische Situation haben das Amt und die Aufgaben geformt. Diese amtstheologische Beweglichkeit könnte die aktuellen Fragestellungen nach dem priesterlichen Amt bereichern.

In ihren Anfängen war die monastische Bewegung idealerweise von einer bewussten Distanz zum Priesteramt geprägt. Die sogenannte Benediktsregel spiegelt noch die Zurückhaltung gegenüber dem Priester in der klösterlichen Gemeinde (RB 62; deutlich abweisender die Regula Magistri 83: Priester im Kloster werden dort als Fremde erachtet). Die erfolgreiche Ausbreitung des klösterlichen Ideals im lateinischen Westen führte in der Folge automatisch zu einer signifikanten Klerikalisierung des männlichen Ordenslebens. Der eigentliche Mönch war auch Priester. Das belegt der Sankt Galler Klosterplan mit einer Vielzahl von Altären für die Messfeiern der Priestermönche. Ordensreformen bedeuten spätestens seit dem 11. Jahrhundert immer auch eine Erneuerung der priesterlichen Lebensform über die Orden hinaus (Gregorianische Reform im 11. und 12. Jahrhundert, die durch den Kampf gegen Käuflichkeit der geistlichen Ämter und gegen die Priesterehe charakterisiert war). Erst im 19. Jahrhundert verloren die Orden – mit der Ausnahme des Ideals des Missionspriesters bei den »Heiden« – weitgehend ihre inspirative und prägende Kraft für die Ausgestaltung des priesterlichen Lebens. Die neue kirchlich-pastorale Einbindung der Orden nach dem Zweiten Vatikanischen Konzil und die Beendigung diverser Formen gewisser Rechtsfreiheit (Exemtion) haben aus Ordenspriestern in Mitteleuropa oft eine Art »geistlicher Leiharbeiter« in Bistumsdiensten gemacht, wobei das spezifische Ordenscharisma dort oft verblasst. Augenscheinlich wird das in den vielen aus anderen Kontinenten »importierten« ordenspriesterlichen Seelsorgern, die zu einem großen Teil recht vereinsamt und wenig inkulturiert als »Gastarbeiter« in Europa leben.

Kreative Gedanken zur Erneuerung des Priesterlichen kommen gegenwärtig vor allem aus weiblichen Ordensgemeinschaften, nicht zuletzt, weil dort das männliche Priestertum zunehmend an Plausibilität verliert und die Abhängigkeit geistlich und auch theologisch qualifizierter Frauen von geweihten Männern Fragen aufwirft. Ob es den Ordenschristen jedoch in den weltweit angestoßenen synodalen Prozessen gelingen wird, Aspekte der Erneuerung des priesterlichen Ideals aus der Ordensperspektive einzubringen, bleibt abzuwarten. Aus ihren reichhaltigen Traditionen und ihrem Erfahrungsschatz hätten sie jedenfalls konstruktive Beiträge zur Erneuerung des priesterlichen Dienstes einzubringen.

Abschied von der volkskirchlichen Gestalt des Ordenslebens

Nach dieser historischen Situierung ist zu präzisieren, dass der Begriff »Orden« in diesem Beitrag nicht im kirchenrechtlichen Sinn korrekt verwandt wird. Orden bezieht sich in unseren Überlegungen auf Gemeinschaften, die ihr Leben nach den »evangelischen Räten« (Armut, ehelose Keuschheit und Gehorsam) ausrichten. Die Rede von Orden reicht also undifferenziert von den klassisch klösterlichen Gemeinschaften aus

Mönchen und Nonnen über Bettelorden und Kongregationen bis zu Säkularinstituten und den ordensähnlichen Gemeinschaften der sogenannten Geistlichen Bewegungen. Unabhängig von der Verortung des jeweiligen Instituts ist festzuhalten, dass keine Ordensregel, -observanz oder -spiritualität vor dem Missbrauch sexualisierter bzw. geistlicher Macht bzw. den Gefahren diverser Klerikalismen bewahrt. Auch weibliche Gemeinschaften sind davor nicht gefeit. Im Blick auf die jüngere Geschichte des Ordenslebens könnte man sogar den Eindruck gewinnen, je charismatischer, umso größer sind die Gefährdungen illegitimer Übergriffigkeiten. So haben nicht wenige begeisterte und kirchlich protegierte Neuaufbrüche der vergangenen Jahrzehnte in der Ordenslandschaft die Missbräuche ihrer Gründerpersönlichkeiten aufzuarbeiten (u. a. das Internationale Schönstattwerk [1914], die Legionäre Christi [1941], die Kommunität von Bose [1965] oder die Monastischen Gemeinschaften von Jerusalem [1975]).

Orden verdanken ihre Entstehung oft einem Reformimpuls für eine dezidierte Neuinterpretation des apostolischen und damit auch des priesterlichen Lebens. Im Zentrum standen eher Reform und Erneuerung – zuweilen auch restaurativ interpretiert. Mit großer Auswirkung auf das priesterliche Ideal ist das Ringen um die Erneuerungen der »apostolischen Lebensform« bei den Regularkanonikern bis zu den Regularklerikern (z. B. OPraem bzw. SJ) mit einer ganz unterschiedlichen Ausgestaltung der Ämter. Viel zu lange wurde in der Kirche des 21. Jahrhunderts – vielleicht auch in Ordensverbänden – die Ansicht vertreten, es würde genügen, ein bestimmtes Milieu, eine christlich-bürgerliche Mentalität aufrechtzuerhalten. So, hoffte man, hätten christlicher Glaube und das Ordensleben eine Zukunft. Weit gefehlt. Kirche und Orden, wie wir sie kannten, sind in ihrer volkskirchlichen Gestalt an ihr Ende gekommen. Die Fähigkeit, die Lebenspraxis der Orden authentisch und zeitgemäß weiterzugeben, wurde durch strukturelle Unbeweglichkeit weithin verspielt. Die Ansätze einer nachkonziliaren Erneuerung sind vielfach nicht mutig weitergedacht und weitergeführt worden. Hinzu kommt im deutschen Sprachraum seit 2010 die Aufdeckung einer systemimmanenten Machtproblematik in Orden und Kirche, verbunden mit der Unfähigkeit zur Aufarbeitung der eigenen Gewaltgeschichte. Ans Licht gekommen ist bei vielen Orden das aktive Ausblenden eines Anerkenntnis der externen und internen Opfer und die Unfähigkeit, sich dieser Wirklichkeit unverkrampft zu stellen. Eine Folge dieser Lähmung ist ein nachhaltiger Bedeutungsverlust des Ordensideals, der nicht zuletzt im Mangel an Interesse und Nachwuchs seit Jahren einen deutlichen Indikator hat. Das vermeintliche »Haus voll Glorie« einer Ordenswelt zerfällt. Dieser Niedergang stellt existenzielle Fragen an die Ordensgemeinschaften und signalisiert, dass es kein »weiter so« geben kann. Das braucht Orden nicht über die Maßen zu besorgen, denn ihre Herkunft aus Reforminitiativen und ihre Anpassungsfähigkeit geben ihnen ein Instrumentarium an die Hand, Änderungsprozesse zu gestalten, so sie »die Werkzeuge der geistlichen Kunst« denn ergreifen (»instrumenta bonorum operum«, RB 4–7) und auch in der Frage nach der Struktur der Ämter mutig anwenden. Denn in der vertrauten volkskirchlichen Gestalt werden auch Orden keine Zukunft haben und hinter ihrem reformatorischen Anspruch zurückbleiben.

Erfahrungsschatz für Experimente aktivieren

Priester sind in der gegenwärtigen Situation der Kirche immer weniger plausibel. Selbst in der katholischen Welt und den Orden sind ihre exklusiven Handlungen zur Frage geworden. Ungeachtet der Tatsache, dass der geweihte Priester in der Kirche das Gegenüber des göttlichen Anspruchs gegenwärtig hält, wird sein sogenannter Dienst – auch in den Ordensgemeinschaften – nicht mehr fraglos hingenommen. »Wozu Priester?« – diese Frage stellt keineswegs der Synodale Weg allein. Was der geweihte Priester im Gegensatz zum getaufen Laien »darf«, wird immer weniger verstehbar, wenn der Status quo bewahrt wird. Auch wenn eine große Zahl von Priestern bewundernswerte Arbeit leistet, strahlt der Priesterberuf nicht aus. In der bestehenden Gestalt erscheint er geistlich leer. Das liegt auch an einem oft anachronistischen Festhalten an einem vormodernen Standesdenken, das in einer professionalisierten Welt zunehmend weniger Entsprechungen findet. Zudem lassen solche ständischen Relikte wie die Festlegung auf unverheiratete Männer ohne überprüfbare Arbeitsvereinbarung oder Vorschriften für eine zivile Standeskleidung den geweihten Priester gegenüber den nicht geweihten Mitchristen bzw. Ordensgeschwistern manchmal wie aus der Zeit gefallen erscheinen. Die sinkenden Nachwuchszahlen sprechen eine beredte Sprache, woran auch eine geistlich intensivierte Berufungspastoral nichts ändern wird, wenn strukturell alles beim Alten bleibt.

In dieser misslichen Lage des sakramentalen Dienstamtes in der Kirche wäre es Sache der Orden, ihren kollektiven Erfahrungsschatz zu aktivieren und mutig Experimentfelder zur Erneuerung einer weithin sklerotisch gewordenen Ämterstruktur zu eröffnen. Die Kirche braucht, um sich und ihrer sakramentalen Identität treu zu bleiben, andere Priester. Das priesterliche Amt von heute und morgen braucht klare und professionell überprüfbare Kriterien für den angemessenen Umgang mit der »Pastoralmacht«. Hier könnten Ordensinstitute vorauseilend für ihre Rechtsbereiche leichter probehalber neue Qualitätsstandards und deren Evaluation einführen. Entsprechend haben zu Beginn der Neuzeit monastische Reformkongregationen im Umfeld der geistlichen Erneuerungsbewegung der *Devotio Moderna* (Kastler bzw. Bursfelder Reform) durch intensivierte geistliche Ausbildungsstandards bzw. durch das Controlling effektiver Visitationen dazu beigetragen, dass in der geistlichen Vermittlung die Verbindung von Weihe und Pfründe aufgelöst wurde. So konnte dem sakramentalen Dienst der Priester wieder geistliche Relevanz zukommen und wurden der Kirche durch neue Authentizität neue Lebensräume erschlossen. Es konnte sich ein zeitgemäßeres Amtsideal für Priester und Ordensleute etablieren, bei dem die Seelsorge eindeutig im Zentrum stand und nicht die materielle Versorgung der Kleriker.

Eine ähnliche Entflechtung steht für den in der lateinischen Tradition quasi untrennbar mit dem Priesteramt verbundenen Zölibat an. Die isoliert dastehende Ehelosigkeit hat als Berufsvoraussetzung ihren Symbol- und Verweischarakter weitgehend verloren, keineswegs nur außerkirchlich. Statt auf das Reich Gottes zu verweisen, hat der Zölibat sich als standardisierte Verpflichtung eher zu einem Symbol der Macht und Beharrung ohne geistlichen Gehalt verwandelt. Hier könnten Ordensgemeinschaften mit einer freien, unabhängig vom Priesterberuf erwählten ehelosen Lebensform alternative Dimensionen aufzeigen. Vorstellbar wären neu zugeschnittene und vereinbarte Formen verbindlichen kommunitären Lebens, die in einem Zeitalter der Versingelung einer Gesellschaft die Freiheit der ehelosen Lebensform für das göttliche Geheimnis und die anderen glaubhafter einordnet.

Ferner kann und darf aus Ordensperspektive über die Zukunft der Ämter in der Kirche nicht mehr ohne Frauen nachgedacht bzw. entschieden werden. Denn allein die Tatsache, dass Ordensexistenz in unseren Tagen mehrheitlich ein weibliches Antlitz trägt, verändert den Diskurs. Hier sind die Orden gefragt, ihre Erfahrungen über die weltlichen und geistlichen Führungsqualitäten von Frauen verfügbar zu machen. Ein anderer Blick auf das Priesterliche wird in diesem Kontext auch dadurch geprägt, dass in den männlichen Orden Laien und Priester ungeachtet ihres kirchlichen Weihestandes verbindlich und ununterschieden unter einer Satzung oder Regel leben. In vielen Instituten können inzwischen Laien zumindest Ortsobere von Priestern sein, wobei das Kirchenrecht das Höhere Oberenamt von Laien über Priester nicht mehr kategorisch ausschließt. Diese soziale Einordnung von Geweihten auf der laikalen Ebene eröffnet veränderte und neue Diskursebenen, die in den diözesan verfassten Klerikerkreisen so nicht existieren. Hinzu kommt die Tatsache, dass Leitungsverantwortung in den Ordensgemeinschaften in der Regel klar auf Zeit vergeben und nicht selten sogar durch freie Wahl zugesprochen wird. Ferner relativieren verbindliche Formen kommunitären Lebens die Praxis priesterlicher Existenz – besonders, wenn Ordenspriester mit nicht geweihten Ordensmitgliedern zusammenleben.

In derartigen Nuancen, die aus Ordensleuten keine besseren Christen machen, liegen jedoch Chancen für die anstehende Reform priesterlicher Identität. Das impliziert einen Anspruch und eine Herausforderung für Laien wie für Kleriker. Orden haben in diesem Miteinander seit Jahrhunderten Erfahrungen gesammelt und kleinschrittige synodale Vorgehensweisen entwickelt, die sie befähigen könnten, Experimentfelder zu eröffnen. Orden haben in ihrer Geschichte eine amtstheologische Beweglichkeit beweisen müssen, damit sie ihrem Reformanspruch nachkommen konnten. Dabei wurden aus heutiger Perspektive zum Teil kreative Möglichkeiten ausgeschöpft, die aktuell kirchenrechtlich undenkbar scheinen. So war in den Doppelklöstern des auf Birgitta von Schweden (1303–1373) zurückgehenden Erlöserordens (OSSalv) die Äbtissin die verantwortliche Vorgesetzte des Männerkonvents mit Priestern. Im bayerischen Altomünster überlebte dieses Konstrukt bis 1803. In diesem Sinn ist der Kirche in den synodalen Prozessen der kommenden Jahre der Mut zu wünschen, neue Formen zu erproben und auszuwerten. Neue Priester:innen sind gesucht, die einen Geschmack für das Geheimnis Gottes im Heute vermitteln. Reform bleibt angesagt. Da können die Orden aus ihrem Erfahrungsschatz demütig und konstruktiv ein Wörtchen mitreden.

Wahlen und Amtszeitbegrenzung als Modell aus den Orden

Sr. Maria Stadler MC

Aufgewachsen in einer katholischen Familie, war ich von Kindesbeinen an ganz selbstverständlich mit der Pfarrgemeinde vor Ort und damit auch mit der Kirche verbunden. Kirche war mir so immer schon Heimat und hat von jeher zu mir gehört – und ich zu ihr. Im Lauf meines Lebens habe ich einiges an der Kirche und ihren Strukturen hinterfragt. Zusehends habe ich auch an diesen Strukturen gelitten. Gleichzeitig gab es für mich aber zudem strukturelle Wahrheiten, die mir fraglos erschienen.

Es war der 28.3.2013, als ich mit der U-Bahn unterwegs war. Auf einem Monitor erhaschte ich im Vorbeifahren eine Nachricht: Der Papst war zurückgetreten. Undenkbar – und unvereinbar mit meinen Vorstellungen von den »strukturellen Wahrheiten« unserer Kirche. Also ein etwas verspäteter Faschingsscherz?! Die Nachrichten auf meinem Handy bestätigten aber, dass dies durchaus kein Scherz war. Unvorstellbar, dass der höchste katholische Würdenträger sein Amt selbst aufgibt – und doch wurde genau das Realität. Das höchste Amt in der katholischen Kirche wird durch Wahl vergeben und kann – wie bei Papst Benedikt geschehen – vorzeitig zurückgegeben werden. Genau dies ist auch in vielen Ordensgemeinschaften eine teils schon jahrhundertelange Tradition.

Gewählt – gestützt

Bei der Dritten Vollversammlung des Synodalen Weges wurde der Handlungstext »Einbeziehung der Gläubigen in die Bestellung des Diözesanbischofs« in zweiter Lesung abgestimmt und damit verabschiedet. Hinter diesem Text steht die Überzeugung, dass die Menschen, für die ein Amt verliehen wird, aktiv – z. B. durch Wahlen – daran beteiligt sein sollen, wem dieses Amt gegeben wird: »Das gesamte Gottesvolk der Diözese soll in die Bischofsbestellung eingebunden sein.«

Die Wahl einer neuen Leitung wird in den Ordensgemeinschaften, in denen dieses Modell schon lange gilt, unterschiedlich geregelt. Gemeinsam ist aber allen, dass der eigentlichen Wahl viel Miteinander-Reden innerhalb der Gemeinschaft vorausgeht. Im Allgemeinen ist die Situation (in den Orden) heute so, dass die Anzahl möglicher Kandidat:innen eher überschaubar ist. Im Vorfeld wird (natürlich) über diese Personen gesprochen – was aber viel wichtiger ist: Es wird mit ihnen gesprochen. Den »Wahlkampf«, den ein Bischof bei den Beratungen des Synodalen Weges befürchtete, habe ich aus eigener Erfahrung dabei bisher nicht erlebt.

In meiner Gemeinschaft, den »Missionarinnen Christi«, findet die Wahl der Generalleitung in der sogenannten Generalversammlung alle sechs Jahre statt. Bei den Mitschwestern, die für ein Leitungsamt vorsichtig ins Gespräch gebracht und angefragt werden, beobachte ich als erste Reaktion, dass sie Gründe suchen, warum sie dazu nicht geeignet seien. Eilig werden Argumente gegen die eigene Kandidatur gesucht und in den Gesprächen eingebracht. Die Schwestern, die dennoch damit rechnen »müssen«, in die Leitung gewählt zu werden, beginnen – noch vor der Versammlung – eine intensive innere geistliche Auseinandersetzung mit dieser Möglichkeit. Sie versuchen, jeweils ihren eigenen Weg der Indifferenz zu gehen. Bevor es zum eigentlichen Wahlprozess kommt, wird im Rahmen der Generalversammlung miteinander und im Vertrauen auf den Heiligen Geist beraten, welche Aufgaben für die nächsten Jahre anstehen. Welche Impulse sind notwendig, um mit den Schwestern für die Menschen gut weitergehen zu können? Welche Herausforderungen stehen an? Welche Eigenschaften und Fähigkeiten werden dafür von der Leitung gebraucht? Unter Umständen tauchen in dieser Auseinandersetzung ganz neue Namen auf, Menschen, an die vorher niemand dachte. In unserer Gemeinschaft werden dann in großer Offenheit verschiedenste Konstellationen der zukünftigen Leitung durchgespielt. Nach weiterem Miteinander-Reden werden die potenziellen Kandidatinnen einzeln zu ihrer möglichen Wahl befragt und sie äußern sich zu dieser Option. Anschließend wird ohne diese Schwester sehr offen, ehrlich und absolut vertraulich über ihre Fähigkeiten, Stärken und Begrenzungen, ihre Charismen im möglichen Amt als neue Leiterin gesprochen. Nach diesem intensiven Teil hat es sich in unserer Gemeinschaft als gut erwiesen, vor der Wahl einen Tag zwischenzuschalten, um z. B. bei einem Ausflug ungezwungen nochmals persönlich miteinander ins Gespräch zu kommen. Während und zwischen allen Schritten hat das Gebet viel Platz, gemeinsam und persönlich. Im Vertrauen auf den Heiligen Geist wird schließlich gewählt. Und die gewählte Leiterin der Gemeinschaft darf sich – gerade dank der transparenten Wahlvorbereitung – der Unterstützung und des Rückhaltes aller Schwestern gewiss sein. Sie weiß sich gewählt, gewünscht und von der Gemeinschaft beauftragt. All das hilft sehr, das neue Amt anzunehmen und sich somit ganz in den Dienst nehmen zu lassen.

Diesen Rückhalt und das große Wohlwollen wünsche ich auch jedem neu ernannten Bischof. Je mehr Mitglieder aus dem »Gottesvolk« in die Bestellung und vielleicht sogar in die Wahl eines Ortsbischofs einbezogen sind, umso mehr wird er angenommen in seinem Amt und unterstützt. Möglichkeiten der Umsetzung hat das Forum I des Synodalen Weges im Handlungstext versucht darzulegen. So wie in den Ordensgemeinschaften die Wahlen unterschiedlich durchgeführt werden (zum Beispiel durch eine gewählte Delegation), so sollen auch in den Diözesen je nach ihren Gegebenheiten unterschiedliche Modelle zum Tragen kommen, nach denen die Gläubigen stärker als bisher in die Bischofsbestellung einbezogen werden können.

Gewählt – auf Zeit

In den meisten Ordensgemeinschaften wird den Gewählten die Annahme der Wahl durch eine Amtszeitbegrenzung erleichtert. Leitungsaufgaben sind äußerst fordernd und oft sehr belastend. Das Wissen, dass dieses Amt nach sechs, zwölf oder wie vielen Jahren auch immer wieder abgegeben wird und auch abzugeben ist, ist für viele Gewählte eine große Entlastung.

Warum sollte das nicht auch für Bischöfe gelten? In den bisherigen Diskussionen wird eine mögliche Amtszeitbegrenzung kontrovers diskutiert. Im Vergleich zu den Orden wird argumentiert, dass das Amt des Bischofs durch Weihe verliehen sei. Da die Weihe nicht »weggenommen« werden könne, könne das Amt eben auch nicht zeitlich begrenzt sein. Der Amtsverzicht von Papst Benedikt macht aber verschiedenste Denkmodelle möglich. Was wäre, wenn ein Bischof nach einer Amtszeit und einer eventuellen Wiederwahl sein bisheriges Amt abgibt, um danach in einer anderen Diözese als Bischof zur Wahl zu stehen oder als »bischöflicher Seelsorger« im Auftrag des Ortsbischofs weiterhin für die Menschen da zu sein? Angesichts der Herausforderungen und Anstrengungen, die ein Leitungsamt – und wie viel mehr noch das eines Diözesanbischofs – mit sich bringt, kann es für beide Seiten, Bischof und Gläubige, wünschenswert sein, dass vor dem Ausgebrannt-Sein des Amtsinhabers die Amtszeitbegrenzung greift. In den Ordensgemeinschaften gibt es meist etliche Frauen und Männer, die einmal Leitungsfunktionen innehatten und nach ihrer

Amtszeit ihre Erfahrungen segensreich anders und neu zur Verfügung stellen. Bei allen denkbaren Herausforderungen, die damit verbunden sein könnten: Warum sollte das nicht auch ein Modell für Diözesanbischöfe sein? Ermöglicht ein Leitungswechsel doch auch neue, bisher nicht wahrgenommene Perspektiven. Neue, vielleicht auch ganz andere Sichtweisen fördern lebendiges Leben, Leben in großer Vielfalt.

Orden als Wandlungshelfer
der Kirche

Marcus Leitschuh

»Synodalität bedeutet: Der andere könnte Recht haben!« So definiert es Reinhard Kardinal Marx. Eine Haltung, die heilsam sein kann. Synodalität tut Not in einer Zeit der »Echokammern« und »Filterblasen«. Der Journalist Joachim Frank stellte Anfang 2021 in dem Buch »Synodaler Weg. Letzte Chance?« fest, dass die entschiedensten Voten für Reformen dabei von Ordensmitgliedern kamen. Er sieht gerade den Bezug zu den Ordensgründerinnen und -gründern als Grund dafür: »Wenn man nicht auch ihnen, die ihr ganzes Leben am Charisma und an den Intuitionen großer Gründergestalten wie Benedikt von Nursia, Franz von Assisi oder Ignatius von Loyola ausrichten, geistliche Ermüdung, Verkrustung oder Erstarrung vorwerfen will, dann könnten die Ordensleute doch sehr wohl so etwas sein wie der charismatische Stachel im institutionellen Fleisch der Kirche.« Die Ordensfrauen und -männer sind für Frank Vertreter einer »Kontrastgesellschaft«. Wörtlich: »Die Orden [...] bewahren das Motiv einer Differenz. Sie halten in der (verbürgerlichten) Kirche eine Leer-Stelle offen, nicht in feindseliger Abwendung, sondern in einem geneigten Gegenüber – zweckfrei, absichtslos, ungebunden und ungebändigt vom weltlich, allzu weltlichen Gefüge. Das schafft ungeheure Freiräume – auch für freies Denken und freie Rede in der Kirche. Von dieser ›parrhesia‹ der Delegierten aus den Orden kann der Synodale Weg lernen und profitieren.«[11] Sie stehen damit in einer langen Tradition.

Auch Papst Franziskus nutzte den Begriff der Redefreiheit und mahnte in seiner Ansprache an die Italienische Bischofskonferenz 2017, das Christentum dürfe nicht einem »fleischlosen Spiritualismus« verfallen, »der die Wirklichkeit vernachlässigt«. Nur mit »synodalem Atem« und »synodaler Gangart« könnten wir »wirklich unsere Pastoral erneuern und sie an die Sendung der Kirche in der Welt von heute anpassen. Nur so können wir uns der Komplexität der heutigen Zeit stellen, dankbar für den zurückgelegten Weg und entschlossen, ihn mit Parrhesia fortzusetzen.«[12] In seinem Brief »An das pilgernde Volk Gottes in Deutschland« ermutigte der Papst 2019 zur Suche nach einer »freimütigen Antwort auf die gegenwärtige Situation«. Diese Situation der Kirche sei »eine Einladung, sich dem zu stellen, was in uns und in unseren Gemeinden abgestorben ist«. Der Papst verweist genau hier auf einen »bevorstehenden Wandlungsprozess«.[13]

Wandel und Wandlung

»Frag hundert Katholiken, was das Wichtigste ist in der Kirche. Sie werden antworten: Die Messe. Frag hundert Katholiken, was das Wichtigste ist in der Messe. Sie werden antworten: Die Wandlung. Sag hundert Katholiken, dass das Wichtigste in der Kirche die Wandlung ist. Sie werden empört sein: Nein, alles soll bleiben, wie es ist!«[14] Die Worte stammen

....

11 Vgl. Joachim Frank: Sinnressourcen des Widerstandes. Michaela Labudda / Marcus Leitschuh (Hg.): In: Synodaler Weg. Letzte Chance? Bonifatius Verlag 2021.

12 www.vatican.va/content/francesco/de/speeches/2017/may/documents/papa-francesco_20170522_70assemblea-cei.html

13 Vgl. www.vatican.va/content/francesco/de/letters/2019/documents/papa-francesco_20190629_lettera-fedeligermania.html

14 Aus: Lothar Zenetti, Auf Seiner Spur. Texte gläubiger Zuversicht © Matthias Grünewald Verlag. Verlagsgruppe Patmos in der Schwabenverlag AG, Ostfildern 2011. www.verlagsgruppe-patmos.de

vom Priester und Autor Lothar Zenetti (1926–2019). Der aus seinem 2016 erschienenen Buch »Texte der Zuversicht« zitierte Auszug trägt die Überschrift »Inkonsequent«. Ja, es ist inkonsequent. Auf der einen Seite weiß schon Heraklit rund 500 Jahre vor Christus, dass nichts so beständig ist wie der Wandel. Auf der anderen Seite strahlt die Kirche oft mimosenhaft aus, dass man an ihr nichts verändern dürfe, wenn man »richtig katholisch« sein wolle. Bei näherem Hinsehen entpuppt sich vieles als Folklore. Zwei Beispiele: Katholische Priester tragen heute meist ein buntes Messgewand, das ursprünglich der Wettermantel römischer Bürger war. In der Fachbezeichnung heißt es *Pluviale* (von lat. *pluvia*, Regen). Die zumindest noch aus Don-Camillo-Filmen bekannte schwarze Soutane wurde erst im 16. Jahrhundert in Italien Mode – als Amtskleidung von Juristen, Ärzten und Priestern. Weder Jesus noch irgendein Apostel trug dergleichen. Trotzdem gilt diese Mode heute weltweit als Standard, nicht mehr nur in Rom. Zweites Beispiel: der Pflichtzölibat, den es seit 1022 gibt. Tausend Jahre gab es ihn nicht, deshalb könnte man ihn auch nach tausend Jahren wieder abschaffen, weil diese Pflichtlebensform weder apostolisch noch wesensbildend für die Kirche ist. Im Gegenteil. Die Frage muss erlaubt sein, was der Kirche wichtiger ist: die Pflicht zur Ehelosigkeit von Weltpriestern oder die durch den Priestermangel faktisch wegfallende Eucharistiefeier. Für was wird sich die Kirche entscheiden? Keine Wandlung oder Wandel?

Denn: Kirche lebt von Wandlung und Wandel. Und die Orden waren und sind immer wieder Experimentierfelder dieser Veränderungen. Die frühere deutsche Botschafterin im Vatikan, Annette Schavan, forderte beim Ordenstag der österreichischen Ordenskonferenz 2021 die Orden dazu auf, wieder Vorreiter für Reformen in der katholischen Kirche zu sein. Sie sollten manchen notwendigen strukturellen Rückbau mit der Suche nach neuen Wegen in die Zukunft verbinden. Die Geschichte des Christentums sei zutiefst eine Geschichte der

Erneuerung. Und oft seien diese Erneuerungen von Orden getragen worden: »Auch heute können Orden weltweit solche Erneuerungsmilieus sein.« Dafür brauche es aber in der Kirche mehr Geistesgegenwart für das Leben von Menschen heute, ihre Gedanken und Hoffnungen, ihre Sehnsucht und Einsamkeit, aber auch ihre Kreativität und Gestaltungskraft. »Das alles finde man aber weniger in Metropolen oder Kathedralen, sondern vielmehr an den Rändern, wo auch Papst Franziskus den Ort der Kirche sieht. In der Auseinandersetzung mit diesen Rändern sind auch viele Orden entstanden«, so Schavan.[15]

Pastorale Innovationen sind gefragt

Laut Duden ist Innovation »eine geplante und kontrollierte Veränderung, Neuerung in einem sozialen System durch Anwendung neuer Ideen und Techniken«. Und als Beispiel nennt der Duden: »das Wachstum durch Innovation fördern«. Es sind oft gerade die Orden, die pastoral immer wieder nah am Menschen sind und neue Wege gehen. Viele Ordensleute leben in Mietwohnungen, gehen einem Beruf außerhalb einer romanischen Klosteranlage nach. Sie leben mitten in Frankfurt-Sachsenhausen und betreiben eine pastorale und in vielerlei Hinsicht nahrhafte Pommesbude vor der Kirche wie Sr. Bettina Rupp. Der Schwesternkonvent Bonn-Tannenbusch will in der Hochhaussiedlung ein Ort der Präsenz und der niedrigschwelligen Nachbarschaftshilfe sein. Sr. Lea Ackermann setzt sich seit über dreißig Jahren für Frauen ein, die aus verschiedensten Gründen zur Prostitution gezwungen sind. Sr. Barbara Offermann sagt, »Facebook ist wie eine Kneipe« und kommt mit Menschen in den sozialen Medien in Kontakt, Sr. Birgit Stollhoff twittert eifrig. Sr. Jordana Schmidt sprach das »Wort zum Sonntag« und ist Kinderdorfmutter. Sie wünscht sich, »dass die Kirche der Zukunft in der Gegenwart lebt ... Die

....

15 Vgl. www.ordensgemeinschaften.at/6456-schavan-kirchliche-erneuerung-wird-stark-von-orden-getragen.

Strömung der Zeit fließt oft genug an den dicken Kirchenmauern vorbei.« Kirche der Zukunft findet für sie auf der Straße statt, in Cafés und Schulen, auf Wiesen und überall dort, wo sich zwei oder drei in Jesu Namen versammeln. Für sie ist ihr Orden eine »Kircheninsel«, auf der sie einiges ihrer Vision verwirklichen, da sich ein kleiner Orden schneller bewegen könne als eine große Kirche. »Für mich ist manches Ordensleben wegweisend für die Kirche als Ganzes. Quellen, die auch hinausströmen könnten, wenn man sie dann lässt und keine Türen verschließt«, so Sr. Jordana im Buch »Gewagte Aufbrüche«.[16]

Kapuziner-Bruder Paulus Terwitte arbeitet im »Franziskustreff« für Obdachlose im Frankfurter Bankenviertel. Er sieht Ordensleute als »lebendige Gottesbeweise«. Gleichzeitig sind für Bruder Paulus die ehemaligen Klöster auch ein Fingerzeig: »Wenn Sie durch die Landschaft fahren, können Sie viele ehemalige Klöster sehen. Sie hatten ihre Zeit, und vielleicht wird man das auch einmal von den Kapuzinern sagen. Mir läge viel daran, dass die jungen Brüder bei uns frei sind, ihre Berufung zu leben. Es wäre schade, wenn sie verheizt würden, etwas Altes noch ein bisschen länger aufrechterhalten zu müssen.«[17]

Eine lebendige Kirche lebt nicht nur von der liturgischen Wandlung im Gottesdienst. Sie wandelt sich immer wieder. Die Krise der Kirche ist also aktuell auch eine Krise der Wandlungsfähigkeit. Das attestiert auch Papst Franziskus, wenn er in seinem Brief »An das pilgernde Volk Gottes in Deutschland« vor Beginn des Synodalen Weges schreibt: »Wir sind uns alle bewusst, dass wir nicht nur in einer Zeit der Veränderungen leben, sondern vielmehr in einer Zeitenwende, die neue und alte Fragen aufwirft, angesichts derer eine Auseinanderset-

---

16 Sr. Jordana Schmidt OP: Kirche der Zukunft, wie ich sie sehe, in: Marcus Leitschuh (Hg.): Gewagte Aufbrüche, Kevelaer 2012.

17 www.op-online.de/region/frankfurt/interview-kapuzinerpater-paulus-terwitte-kloster-liebfrauen-frankfurt-4877564.html

zung berechtigt und notwendig ist.« Es geht um ein Hinhören »was der Geist heute der Kirche sagt (vgl. Offb 2,7), um die Zeichen der Zeit zu erkennen«.[18]

Es ist Aufgabe der Kirche, die Zeichen der Zeit so zu deuten, dass die jeweiligen Not-Wendigkeiten umgesetzt werden können. Die Überlegungen des Synodalen Weges gehen davon aus, dass Gott sich auch in dieser Welt immer wieder offenbart. Schrift und Tradition, Theologie, Lehramt und Glaubenssinn der Gläubigen sagen etwas über den Willen Gottes für die Menschen im Hier und Jetzt und für die notwendigen Veränderungen.

Krisen als Wandlungszeiten

Ob Schmetterling oder Pusteblume – Schönheit entsteht aus Wandlung. Aus dem gelben Löwenzahn wird die weiße Pusteblume, erst nach dieser Wandlung kann sich die Pflanze vermehren, Frucht bringen und sich aussäen. Viele Klöster sind in Weinbergen gelegen. Die Mönche und Schwestern wussten: Was im Winter verdorrt und ausgetrocknet wirkt, keimt im Frühjahr wieder und trägt Früchte. Ver-Wandlung ist wichtig.

Parallel zur gegenwärtigen Krise gehört es allerdings zur christlichen Grundannahme, dass Gott in jeder Zeit mit uns ist. *Ecclesia semper reformanda*, so lautet ein Leitwort der Kirchengeschichte. Auf Deutsch: »die stets zu reformierende Kirche«. Wahrscheinlich stammt der Satz aus der Zeit der Reformation, er wird aber auch dem Kirchenvater Augustinus zugeschrieben. Den *Reformatio*-Begriff hat er tatsächlich mehrfach auf die Kirche hin definiert. Dabei deutete er insbesondere das Mönchsleben als solche »Reformation«. Die Ordensleute sollten die Beziehung zu Gott reformieren, sozusagen »zurück auf Los«, an den Anfang, nach der Ur-Kunde leben.

....

18 www.vatican.va/content/francesco/de/letters/2019/documents/papa-francesco_20190629_lettera-fedeligermania.html

Eigentlich sind Krisenzeiten deshalb wichtige Zeiten der Wandlung. So schreibt Pater Pius Kirchgessner (OFMCap) in einem Exerzitienimpuls: »Wenn ich in mein Leben schaue und mich frage: Was hat mich innerlich am meisten verwandelt, dann muss ich sagen: Es waren nicht die Situationen und Zeiten, in denen es mir gutging, alles glattlief, sondern die schweren Zeiten, die harten, in denen ich etwas durchzustehen hatte oder aushalten musste, die Krisenzeiten.«[19]

Das Ziel ist, immer wieder von vorne zu beginnen und die Chancen des Neuanfangs zu nutzen. Denn: Gott ist ein Anfänger. Gott, das ist einer, der nicht passiv wartet. Er beginnt. Fängt an. Er macht die Menschen zu Mit-Machern. Seine Botschaft: Macht etwas aus dieser Welt. Legt los. Traut euch. Fehler sind erlaubt. Abwarten gilt nicht. Anfangen ist wichtig. Abwarten rettet nicht und gestaltet nicht, heilt nicht und hilft ebenso wenig. Ihr müsst immer wieder neu anfangen.

Synodalität als Aus-Weg

Einer der zentralen Begriffe für die Kirche der Zukunft ist mehr Synodalität, also das gemeinsame Unterwegssein. So nennt auch Papst Franziskus den Konsultationsprozess, der bis zur Bischofssynode konkrete Erkenntnisse über die Realitäten in der Weltkirche zeitigen soll, Synodaler Weg. »Sind wir bereit, uns auf das Abenteuer des Weges einzulassen, oder flüchten wir uns aus Angst vor dem Unbekannten lieber in die Ausreden: ›das ist nicht nötig‹ und ›das hat man schon immer so gemacht‹?«, so leitete Franziskus die Predigt mit einer Einladung zur kollektiven Gewissenserforschung ein. Einander zu begegnen, zuzuhören und zu unterscheiden nennt der Papst die drei Verben des synodalen Weges.[20] Ordensgemeinschaften haben eine lange Tradition der Synodalität. Über

....

19 Vgl. www.pius-kirchgessner.de/06_Vortraege/1_Spiritualitaet/Wandlung.htm

20 www.vaticannews.va/de/papst/news/2021-10/papst-franziskus-predigt-synode-begegnung-zuhoeren-unterscheiden.html

wichtige Belange wird immer schon gemeinsam debattiert und entschieden. Der Heilige Benedikt etwa schrieb schon vor rund 1400 Jahren in seine Ordensregel, dass bei wichtigen Fragen alle gehört werden sollen, weil Gott oft den Jüngsten das Richtige eingibt. Pater Mauritius Wilde ist Prior der Benediktinerabtei San Anselmo in Rom. In einem Interview sagte er: »Ich glaube, dass Papst Franziskus nicht nur die altkirchliche Tradition der Synodalität im Blick hat, sondern auch als Jesuit spricht, als Ordensmann – und in den Orden sind wir gewohnt, Synodalität zu leben.«[21]

Wandlung braucht Handeln

Von den Orden können wir in der aktuellen Situation viel erwarten. Sie waren durch die Kirchengeschichte hindurch immer Ort der Tradition und Wandlung und zeigen immer wieder, dass es auch anders geht und gehen könnte. Ihr Wirken ist noch heute mutig, kreativ und nah am Menschen. So können sie gerade jetzt Mahnerinnen und Vorbilder sein, Probierstube und Zukunftslabor, Ermutigerinnen und Wachrüttler. Und vor allen Dingen: aktive Zeitgenossen und Zeitgenossinnen und nicht nur theoretische Papiertiger.

So zu handeln kann wegweisend für die Kirche sein. Und auch eine Ermutigung an die Orden, die Kirche auf dem Weg in die Zukunft nicht nur zu begleiten, sondern sie immer zu ermutigen, manchmal zu drängen, oft zu schieben, im Notfall zu tragen. Orden als Vorreiter, denn wir sind noch nicht am Ziel. Wir sind auf dem Weg. Aktuell sogar in einer Krise. Die Situation der Kirche ist nicht das Ende. Es ist der Weg. Wenn wir ihn gehen, dann wird es sich fügen. Es glänzt noch nicht, aber wir sind mit den Orden auf einem guten Weg – auf einem synodalen.

....

21 Vgl. www.vaticannews.va/de/kirche/news/2021-09/synodalitaet-mauritius-wilde-orden-synodaler-weg.html

Nachtrag: Osternacht im oberschwäbischen Kloster Untermarchtal 2022. Dem Priester will es auch nach mehrfachen Versuchen nicht gelingen, am Osterfeuer eine dünne Kerze anzuzünden und mit ihr die große Osterkerze. Doch die für das Feuer zuständige Ordensschwester schreitet beherzt zur Tat. Sie ist bestens vorbereitet und greift hinter sich. Da liegt eine meterlange Fackel bereit. Die ist rasch am Feuer entzündet und brennt lichterloh. Nun steht sie da mit der Fackel, die mehr an den Großen Zapfenstreich als die Liturgie der Osternacht erinnert. Eigentlich müsste der Priester die Osterkerze anzünden, doch der nickt der pragmatischen Ordensschwester zu. Er hält die Kerze. Sie zündet mit der lodernden Fackel die Osterkerze an. Ostern ist gerettet. Das Licht kann kommen. »*Lumen christi*«, singt der Priester. Die Gemeinde antwortet »*deo gratias*« und hört das Osterevangelium nach Lukas. Die Frauen begegnen dem Auferstandenen.

Verzeichnis der Autorinnen und Autoren

Sr. Franziska Dieterle OSF (46) gehört der Kongregation der St. Franziskusschwestern Vierzehnheiligen an und lebt im Ausbildungskonvent in Nürnberg. Seit zwanzig Jahren ist sie Ordensschwester und arbeitet als Sozialpädagogin und in ihrer Gemeinschaft als Noviziatsbegleiterin. Sie ist seit 2019 Vorsitzende der Interfranziskanischen Arbeitsgemeinschaft (IN-FAG). Für die Deutsche Ordensobernkonferenz nimmt sie am Synodalen Weg teil.

Sr. Dr. Katharina Ganz OSF (52) ist Oberzeller Franziskanerin und lebt im Kloster Oberzell bei Würzburg. Seit 1995 Mitglied der Kongregation, ist die promovierte Theologin und Sozialpädagogin seit 2019 Generaloberin ihrer Gemeinschaft. Sie ist Beraterin im Forum »Frauen in Diensten und Ämtern« beim Synodalen Weg und Mitglied in der Pastoralkommission der Deutschen Bischofskonferenz.

Fr. Simon Hacker OP (32), Mag. theol., Dominikaner mit zeitlicher Profess, bereitet sich auf die feierliche Profess und Weihen vor. Er lebt im Wiener Studentat des Ordens und arbeitet als Pastoralassistent in Wien. Er ist Delegierter der Deutschen Ordensobernkonferenz (DOK) für die Vollversammlung des Synodalen Weges und Mitglied im Synodalforum »Priesterliche Existenz heute«.

Sr. M. Scholastika Jurt OP (57), geboren und aufgewachsen in der Schweiz, Studium zur Primarlehrerin, trat 1990 in die Kongregation der Arenberger Dominikanerinnen ein. Es folgte eine Ausbildung in Gemeindepastoral, Exerzitienleitung und geistlicher Begleitung. In der Gemeinschaft war sie

Noviziatsleiterin bis zur Wahl zur Generalpriorin 2009. Am Synodalen Weg nimmt sie als Beraterin im Forum III, »Frauen in Diensten und Ämtern in der Kirche« teil.

P. Dr. Stephan Ch. Kessler SJ (63) trat nach historischen Studien und sozialem Engagement in Asien 1986 in die Gesellschaft Jesu (Jesuiten) ein. Nach der Priesterweihe war er im Bereich der Jugendarbeit und der schulischen bzw. akademischen Lehre tätig. 15 Jahre hatte er die Ausbildungsverantwortung für Diözesan- u. Ordenspriester in München und Frankfurt Sankt Georgen. 2017 wurde er Pfarrer der Kunst-Station Sankt Peter Köln – Zentrum für zeitgenössische Kunst und Neue Musik. Er ist Mitglied des Forums »Priesterliche Existenz heute« beim Synodalen Weg der Kirche in Deutschland.

Sr. Dr. Katharina Kluitmann OSF (57) ist Theologin und promovierte Psychologin. Sie hat das »Centro – Psychologische Begleitung für Menschen im Dienst der Kirche« im Bistum Münster mit aufgebaut, war zehn Jahre Provinzoberin der Franziskanerinnen von Lüdinghausen und leitet aktuell die niederländische Ursprungsprovinz. Bis Mai 2022 war sie Vorsitzende der Deutschen Ordensobernkonferenz (DOK), für die sie am Synodalen Weg teilnimmt. Sie ist Mitglied der Vollversammlung und im Forum »Priesterliche Existenz heute« aktiv.

P. Manfred Kollig SSCC (66) gehört der Ordensgemeinschaft der Arnsteiner Patres an. Nach Tätigkeit in der Pfarrseelsorge leitete er die ordenseigene Jugendbegegnungsstätte. Anschließend war er Schulseelsorger und Referent in der Schulabteilung des Bistums Münster. Von 1994 bis 2000 war er als Generalrat in der Ordensleitung der Arnsteiner Patres in Rom tätig. Nach seiner Rückkehr wurde er Ordensoberer der Gemeinschaft in Werne und war von 2003 bis 2016 Provinzökonom. Seit 2017 ist er Generalvikar des Erzbistums Berlin. Er nimmt für die Konferenz der Generalvikare am Synodalen Weg teil und ist Mitglied des Forums »Macht und Gewaltenteilung« und der Vollversammlung.

P. Dr. Hans Langendörfer SJ (70) trat 1972 in die Gesellschaft Jesu ein und wurde 1979 zum Priester geweiht. Eine Kaplanszeit verbrachte er in Gießen und wechselte anschließend nach Bonn, um ein Doktorat in Moraltheologie zu machen. Er absolvierte eine Zeit im Bundeskanzleramt, bevor er mit Mitbrüdern das »Foyer der Jesuiten« als politisch-ethisches Gesprächsangebot in der Bundeshauptstadt Bonn aufbaute. 1996 wurde Langendörfer zum Sekretär der Bischofskonferenz gewählt. Er übte dieses Amt bis 2021 an der Seite der Vorsitzenden Kardinal Lehmann, Erzbischof Zollitsch, Kardinal Marx und Bischof Bätzing aus. Er hat den Synodalen Weg wie auch den »Gesprächsprozess« (2010–2015) mit vorbereitet und organisiert. Seit 2021 ist er Präsident des Katholischen Akademischen Ausländer-Dienstes. Er ist Mitglied der Synodalversammlung des Synodalen Weges.

Kerstin Leitschuh (46) hat Politikwissenschaft und Germanistik studiert. Nach beruflichen Stationen beim Deutschen Katholikentag und als Dekanatsreferentin in der Diözese Rottenburg-Stuttgart übernahm sie die Unternehmenskommunikation der evangelischen Stiftung Kurhessisches Diakonissenhaus Kassel. Seit 2022 ist sie Referentin für Citypastoral in Kassel. Sie ist außerdem Autorin einiger religiöser Bücher, ausgebildete Fundraisingreferentin und Social-Media-Managerin.

Marcus Leitschuh (49) ist als Religionslehrer und als Rektor in der Schulleitung tätig. Ehrenamtlich ist er u. a. Mitglied im Zentralkomitee der deutschen Katholiken (ZdK) und war fünf Jahre Berater der Jugendkommission der Deutschen Bischofskonferenz. Als Autor gab er zuletzt u. a. das Buch »Synodaler Weg. Letzte Chance?« heraus. Er ist für den Katholikenrat im Bistum Fulda Mitglied der Vollversammlung des Synodalen Weges.

Sr. Daisy Panikulam SABS (54) wurde in Indien geboren. Ihre Ordensprofess legte sie 1988 in der Ordensgemeinschaft der indischen Anbetungsschwestern von der heiligen Eucharistie ab. Seit 32 Jahren lebt sie in Deutschland, wo sie eine Ausbildung zur Krankenschwester und Heilerziehungspflegerin machte. Sie arbeitete auf Intensivstationen und in Einrichtungen von Menschen mit Behinderung. Sie studierte Religionspädagogik und arbeitet als Gemeindereferentin und Religionslehrerin in der Diözese Rottenburg-Stuttgart. Seit 2020 ist sie in der Diözese Köln und arbeitet in Neuss als Krankenhausseelsorgerin. Für die Deutsche Ordensobernkonferenz nimmt sie am Synodalen Weg teil.

Sr. *Philippa Rath OSB* (66) ist seit 33 Jahren Benediktinerin der Abtei St. Hildegard in Rüdesheim-Eibingen. Sie studierte Theologie, Geschichte und Politikwissenschaften und hat vor ihrem Klostereintritt als Redakteurin und Lektorin gearbeitet. Im Kloster ist sie als Stiftungsvorstand verantwortlich für die Klosterstiftung Sankt Hildegard, für den Freundeskreis der Abtei sowie für die Presse. Sie hat sich viele Jahre lang mit Leben und Werk der heiligen Hildegard befasst und war 2012 Postulatorin im Verfahren um die Heiligsprechung und Erhebung Hildegards von Bingen zur Kirchenlehrerin. Für die Deutsche Ordensobernkonferenz nimmt sie am Synodalen Weg teil und ist dort Mitglied im Synodalforum »Frauen in Diensten und Ämtern der Kirche«.

P. *Bruno Robeck OCist* (53) leitet seit 2004 als Prior das Zisterzienserkloster Langwaden bei Grevenbroich. Er ist auch als Exerzitienmeister und geistlicher Begleiter für verschiedene Ordensgemeinschaften und Einzelpersonen tätig. Von 2018 bis 2022 war er stellvertretender Vorsitzender der Deutschen Ordensobernkonferenz. Für die Deutsche Ordensobernkonferenz nimmt er am Synodalen Weg teil.

Sr. *Bettina Rupp*, Steyler Missionsschwester (55), ist Sozialarbeiterin und arbeitet in der Sozialpastoral der Pfarrei St. Bonifatius am Kirchort St. Aposteln in Frankfurt. Gemeinsam mit ihren Mitschwestern betreut sie ein Nachtcafé für akut in Not geratene Frauen, ein Kleidercafé und u. a. eine Pommesbude. Seit sechs Jahren ist sie in der Ordensausbildung tätig und leitete zwanzig Jahre im Team den Steyler Freiwilligendienst Missionar:in auf Zeit. Von 2005 bis 2016 baute sie gemeinsam mit der Kommunität vor Ort, dem 2015 verstorbenen Pfarrer Edmund Erlemann, der Stiftung Volksverein und dem Volksverein Mönchengladbach den TaK Treff am Kapellchen auf, einen Treff- und Begegnungsort für an den Rand gedrängte Menschen in Mönchengladbach.

Sr. Nicola Maria Schmitt (61) ist seit vierzig Jahren Mitglied bei den Barmherzigen Schwestern vom Hl. Vinzenz von Paul in Untermarchtal. Sie war insgesamt 23 Jahre im Pflegebereich tätig, davon vierzehn Jahre in leitender Position, zuletzt bis 2007 als Pflegedirektorin im Marienhospital Stuttgart. Seit 2009 ist sie Mitarbeiterin im Haus der Katholischen Kirche, seit fünf Jahren für den Bereich Citypastoral. Für die Deutsche Ordensobernkonferenz nimmt sie am Synodalen Weg teil.

Sr. Maria Stadler MC (54) gehört seit dreißig Jahren der Gemeinschaft der Missionarinnen Christi an. Davon war sie 16 Jahre lang in Russland tätig. Aktuell ist sie die Ausbildungsleiterin ihrer Gemeinschaft und lebt in München. Für die Deutsche Ordensobernkonferenz koordiniert sie das »Freiwillige Ordensjahr«. Sr. Maria ist Mitglied im Forum I »Macht und Gewaltenteilung«.

Br. Thomas Wierling (53) gehört der Brüdergemeinschaft der Canisianer an, in deren Brüderrat er gewählt ist. Er ist Konventsleiter des Canisiushauses in Münster, zu dem eine Studenten-WG, Wärmestube und Wohncontainer ebenso gehören wie Gästezimmer und Möglichkeiten der Meditation. Für die Deutsche Ordensobernkonferenz nimmt er am Synodalen Weg teil.